Hani Sahyoun

Predigtband Vom Dunkel ins Licht

Hani Sahyoun

Predigtband Vom Dunkel ins Licht

Tröstende und herausfordernde Bibeltexte in unseren Alltag übersetzt

Fromm Verlag

Impressum / Imprint
Bibliografische Information der Deutschen Nationalbibliothek: Die Deutsche Nationalbibliothek verzeichnet diese Publikation in der Deutschen Nationalbibliografie; detaillierte bibliografische Daten sind im Internet über http://dnb.d-nb.de abrufbar.
Alle in diesem Buch genannten Marken und Produktnamen unterliegen warenzeichen-, marken- oder patentrechtlichem Schutz bzw. sind Warenzeichen oder eingetragene Warenzeichen der jeweiligen Inhaber. Die Wiedergabe von Marken, Produktnamen, Gebrauchsnamen, Handelsnamen, Warenbezeichnungen u.s.w. in diesem Werk berechtigt auch ohne besondere Kennzeichnung nicht zu der Annahme, dass solche Namen im Sinne der Warenzeichen- und Markenschutzgesetzgebung als frei zu betrachten wären und daher von jedermann benutzt werden dürften.

Bibliographic information published by the Deutsche Nationalbibliothek: The Deutsche Nationalbibliothek lists this publication in the Deutsche Nationalbibliografie; detailed bibliographic data are available in the Internet at http://dnb.d-nb.de.
Any brand names and product names mentioned in this book are subject to trademark, brand or patent protection and are trademarks or registered trademarks of their respective holders. The use of brand names, product names, common names, trade names, product descriptions etc. even without a particular marking in this work is in no way to be construed to mean that such names may be regarded as unrestricted in respect of trademark and brand protection legislation and could thus be used by anyone.

Coverbild / Cover image: www.ingimage.com

Verlag / Publisher:
Fromm Verlag
ist ein Imprint der / is a trademark of
OmniScriptum GmbH & Co. KG
Bahnhofstraße 28, 66111 Saarbrücken, Deutschland / Germany
Email: info@frommverlag.de

Herstellung: siehe letzte Seite /
Printed at: see last page
ISBN: 978-3-8416-0176-6

Mein kurzer Lebenslauf auf der Rückseite des Buchumschlags verrät, dass ich kein Theologe bin. Wie kommt nun jemand wie ich, der einen technischen Beruf studiert hat und in seinem Berufsalltag mehr mit Computern als mit Theologie zu tun hatte, auf die Idee, einen Predigtband zu veröffentlichen? Manche Leser könnten sich diese Frage stellen und deshalb möchte ich im Vorwort kurz darauf eingehen.

In meinen ersten Lebensjahren hatte ich mit Kirche und Glauben kaum Berührung. Mein Vater war ein Bewunderer der französischen Revolution und ihrer Vordenker. Seine Leidenschaft war die Politik und das hat sich auf mich übertragen. Schon mit neun Jahren fing ich an, die Tageszeitung zu lesen. Mein Interesse an der Bibel wurde zum ersten Mal während der letzten drei Schuljahre auf dem Gymnasium in meiner Geburtsheimat, Libanon, geweckt. Die Schule, die ich dort besuchte, gehörte den englischen Quäkern, einer protestantischen Friedenskirche. Unser Religionslehrer war der englische Schuldirektor, Herbert Dobbing. Er verbrachte übrigens nach dem 2. Weltkrieg einige Zeit in Deutschland und arbeitete an einem Versöhnungs- und Hilfsprogramm seiner Kirche mit. Wir lasen häufig mit ihm Texte aus der Bibel und diskutierten eifrig darüber, denn es gab auch einige Muslime in meiner Klasse. Mein Interesse galt aber damals mehr den geschichtlichen Ereignissen der Bibel als ihren Glaubensinhalten.

Als ich mit meinem Studium an der Amerikanischen Universität in Beirut anfing, wurde dieses Interesse an der Bibel ganz in den Hintergrund gedrängt. Die arabischen Länder erlebten damals eine ähnlich bewegte Zeit, wie in diesem Jahr (2011). Auch im Libanon gab es zum Teil bewaffnete Auseinandersetzungen zwischen den verschiedenen politischen Gruppen. So galt meine ganze Aufmerksamkeit in jener Zeit der Politik. Nach zwei Jahren an der Amerikanischen Universität in Beirut, kam ich nach Deutschland, um mein Studium in Karlsruhe fortzusetzen. Während dieser Zeit bekam ich Kontakt mit einer christlichen Studentengruppe, die SMD. Ich besuchte Vorträge und Freizeiten und lernte interessante christliche Persönlichkeiten kennen, unter ihnen der damalige Rektor der Mainzer Universität, Prof. Dr. Hans Rohrbach. Diesen Leuten habe ich zu verdanken, dass ich einen neuen Zugang zur Bibel und zu ihren Aussagen über den Glauben bekam. Ich merkte zum ersten Mal, dass der christliche Glaube nicht im Widerspruch steht zu einer intellektuellen Redlichkeit und dass er einen sehr konkreten Bezug zu meinem Leben im Alltag hat. Nach reiflicher Überlegung habe ich eine bewusste Entscheidung für diesen Glauben getroffen.

Die Bibel wurde zu einem wichtigen Begleiter in meinem Alltag. Ich las täglich darin und entdeckte immer wieder neue Facetten, die mich überraschten und faszinierten. Meine ersten Predigten habe ich noch während der Studienzeit in den Evangelisch-Freikirchlichen Gemeinden in Karlsruhe und Landau gehalten. Pastor Walter Stockmann, der beide Gemeinden betreute, meinte, eine Gabe bei mir dafür zu entdecken und fragte mich, ob ich bereit wäre, hin und wieder eine Predigt zu halten. Zuerst in der kleinen Zweiggemeinde in Landau und später in der Hauptgemeinde in Karlsruhe. Ihm habe ich sehr viel zu verdanken. Er war ein ausgezeichneter Seelsorger und ein feiner Christ, der junge Menschen ermutigte, ihre Gaben zu entdecken und einzusetzen.

Die Idee, einen Predigtband zu veröffentlichen, ging mir in den letzten Jahren immer wieder durch den Kopf. Nicht zuletzt deshalb, weil ich oft positive Echos auf meine Predigten bekam. Doch hielt ich diese Idee für unrealistisch und verwarf sie jedes Mal wieder. Vor ein paar Monaten ist zu meiner großen Überraschung der Fromm Verlag an mich herangetreten mit der Frage, ob ich Interesse hätte, eine Auswahl meiner Predigten in einem Predigtband zu veröffentlichen - Mitarbeiter des Verlags hatten die eine oder andere Predigt von mir im Internet gesehen. Ich freute mich über diese Anfrage, weil sie mir die Gelegenheit gab, einen Wunsch zu erfüllen, den ich eigentlich schon abgeschrieben hatte.

Es war für mich nicht leicht, eine Auswahl aus meinen Predigten zu treffen und die Reihenfolge zu überlegen. Die erste Predigt beschäftigt sich mit einem prophetischen Text aus dem Buch Jesaja, der auf die Geburt von Jesus Christus deutet. Dieses Ereignis der Menschwerdung Gottes in Jesus Christus spielt eine zentrale Rolle im christlichen Glauben und darum wollte ich es an den Anfang stellen. Dann folgen einige Predigten zu unterschiedlichen Bibeltexten und Themen. Sie spiegeln zum Teil meine persönliche Auseinandersetzung mit den vielen Facetten der biblischen Texte und ihrer Botschaft wider. Manche davon zeigen uns einen barmherzigen und liebevollen Gott. Darüber predigt man auch gerne. Wir finden in der Bibel aber auch Texte, die schwer zu verdauen

> Ich hoffe, mit diesem Predigtband den Lesern etwas von der Vielfalt und Lebendigkeit der biblischen Botschaft zu vermitteln und bei jedem das Interesse am eigenen Bibelstudium zu wecken.

sind. Etwa die Aufforderung Gottes an Abraham, seinen Sohn Isaak zu opfern, oder die Geschichte der Leiden Hiobs und die schroffe Abweisung der kanaanäischen Frau durch Jesus. Diese offenbaren uns die andere Seite von Gott: den verborgenen Gott, den wir oft nicht verstehen. Weil diese Erfahrung zu unserem Leben und Glauben gehört, habe ich versucht, mich auch mit diesen Texten auseinanderzusetzen und ihre Botschaft zu verstehen.

Ich hoffe, mit diesem Predigtband den Lesern etwas von der Vielfalt und Lebendigkeit der biblischen Botschaft zu vermitteln und bei jedem das Interesse am eigenen Bibelstudium zu wecken.

Meiner Frau möchte ich noch herzlich danken, dass sie die Mühe des Korrekturlesens auf sich genommen und damit die Fehlerquote deutlich verringert hat.

Inhaltsverzeichnis

Bibeltext: Jesaja 9, 1-6

Das Volk, das im Dunkel lebt, sieht ein großes Licht. Die im Land der Finsternis wohnen, Licht leuchtet über ihnen. Du vermehrst den Jubel, du machst die Freude groß. Sie freuen sich vor dir, wie man sich freut in der Ernte, wie man jauchzt beim Verteilen der Beute. Denn das Joch ihrer Last, den Stab auf ihrer Schulter, den Stock ihres Treibers zerbrichst du wie am Tag Midians. Denn jeder Stiefel, der dröhnend einherstampft, und jeder Mantel, in Blut gewälzt, fällt dem Brand anheim, wird ein Fraß des Feuers. Denn ein Kind ist uns geboren, ein Sohn uns gegeben, und die Herrschaft ruht auf seiner Schulter; und man nennt seinen Namen: Wunderbarer Ratgeber, starker Gott, Vater der Ewigkeit, Fürst des Friedens. Groß ist die Herrschaft, und der Friede wird kein Ende haben auf dem Thron Davids und über seinem Königreich, es zu festigen und zu stützen durch Recht und Gerechtigkeit von nun an bis in Ewigkeit. Der Eifer des HERRN der Heerscharen wird dies tun.

Der geschichtliche Hintergrund

Das Volk, das im Dunkeln lebt: So beschreibt Jesaja vor 2700 Jahren die Lage der Menschen in Israel und den Nachbarvölkern in seinen Tagen. Das mächtige Heer der damaligen Weltmacht Assyrien war in diese Länder eingefallen. Viele Länder waren schon erobert; die feindliche Armee stand vor den Toren Jerusalems, bereit in die Stadt einzurücken. Der assyrische Oberbefehlshaber verhöhnte das Volk Israel und ihren Gott: "Er wird euch auch genau so wenig aus meiner Hand retten können, wie die anderen Götter ihren Völkern helfen konnten."

Wenn Jesaja heute in unsere Welt käme, würde er darüber staunen, wie aktuell sein Wort noch ist. Das Volk, das im Dunkeln lebt, in Angst vor Krieg und Terror, vor Hungersnot und Krankheiten: Ist das nicht die Lage unserer Welt heute? Auch Menschen, die bisher in Frieden und Wohlstand lebten, müssen erkennen, dass es keine Insel der Seligen gibt in einer Welt voller Streit und Unfrieden. Jesaja bleibt aber nicht bei seiner düsteren Lagebeschreibung stehen. Gott hat ihm eine Botschaft aufgetragen für die Menschen, die in Finsternis und Angst leben.

Die Verheißung

"Das Volk, das im Dunkel lebt, sieht ein großes Licht. Die im Land der Finsternis wohnen, Licht leuchtet über ihnen."

Jesaja sieht eine großartige Zukunft am Horizont heraufziehen wie das helle Morgenlicht nach der Dunkelheit der Nacht: Die Stiefel der Soldaten, die den Menschen Angst einjagten und ihre mit Blut getränkte Kleidung – ein Bild für grausame Gewalttaten – diese werden verbrannt. Die Erinnerung an die Zeit der Angst und des Schreckens soll ausgelöscht werden. Gott wird das schwere Joch, das auf den Schultern der Armen und Bedrängten lastet, zerbrechen. Diese Menschen kommen frei, sie werden jubeln und sich freuen. Das Volk Israel, an das diese Botschaft zunächst gerichtet war, wusste: Hier ist die Rede vom Friedensreich des Messias, das ihnen durch die Propheten verheißen war.

Aber können Menschen Hoffnung schöpfen von einer Prophetie, die auf eine ferne Zukunft deutet? Wie hilft ihnen diese Verheißung mit ihrem Alltag fertig zu werden? Gott hat noch zu den Lebzeiten von Jesaja bewiesen, dass seine Worte keine leeren Versprechungen und keine Vertröstung auf eine unbekannte Zukunft sind. Die Menschen in Israel erlebten, wie der mächtige Feind aus Assyrien von ihrer belagerten Hauptstadt Jerusalem abziehen musste und Frieden und Sicherheit in das Land einkehrten. Die eigentliche Erfüllung der Verheißung in dieser Prophetie sollte aber später kommen, mit der Geburt von Jesus Christus in Bethlehem, die wir heute feiern.

Aber können Menschen Hoffnung schöpfen von einer Prophetie, die auf eine ferne Zukunft deutet?

Er, Jesus, ist Gottes Geschenk für alle Menschen, die im Dunkel der Angst leben. Das Geschenk für eine Welt im Argen ist ein Kind. Gott schickt keine gewaltige Armee, die für Recht und Ordnung sorgt, sondern seinen Sohn, den Retter.

Uns ist ein Kind geboren: Wie alle anderen Eltern haben sich Maria und Josef über die Geburt ihres Kindes sehr gefreut. Aber dieses ganz besondere Kind gehört nicht nur seinen Eltern. Jeder von uns kann sagen: Mir ist dieses Kind geboren. Es ist Gottes Geschenk auch für mich, es kommt in meine Welt und bringt das Licht der Hoffnung in meine Dunkelheit und Angst. Jesus (Hebräisch: Jeschua) bedeutet, Gott hilft, Gott rettet. Jesaja sagt: "Der Name dieses Kindes soll heißen wunderbarer Ratgeber, starker Gott, Vater der Ewigkeit, Fürst des Friedens." Ich möchte kurz auf diese Begriffe eingehen.

Wunderbarer Ratgeber

Das Leben ist heute so komplex geworden, dass wir häufig auf den Rat von Fachleuten angewiesen sind. Wenn es um finanzielle Angelegenheiten geht, dann wenden wir uns an eine Bank oder an einen Steuerberater. Bei gesundheitlichen Problemen gehen wir zum Arzt oder in die Apotheke. Wer berät uns aber in den wichtigen Lebensfragen, auf die es wirklich ankommt? Wer zeigt uns, wie wir unserem Leben Sinn und Ziel geben können?

Ich lief vor ein paar Tagen bei einer Buchhandlung in der Nähe der Uni vorbei. Draußen vor der Buchhandlung lagen auf einem Tisch viele Exemplare von einem Buch mit folgendem Titel: "Die Runen sagen ihnen Ihre Zukunft. Lassen Sie sich von den magischen Steinen beraten." Solche Bücher haben kurz vor Beginn eines neunen Jahres Hochkonjunktur. Nichts Neues unter dem Himmel, könnte man sagen. Schon zur Zeit des Propheten Jesaja haben Menschen sich vom lebendigen Gott losgelöst und sich dem Aberglauben zugewandt. Sie ließen die Totengeister durch Zauberer für sich befragen. Der Prophet Jesaja fragt ganz entsetzt: "Sollte ein Volk nicht seinen Gott befragen?"

Wir alle suchen Rat in schwierigen Lebenslagen. Wir brauchen jemand, der uns zuhört, der einen guten Durchblick hat und uns zeigt, worauf es ankommt.

Wir alle suchen Rat in schwierigen Lebenslagen. Wir brauchen jemand, der uns zuhört, der einen guten Durchblick hat und uns zeigt, worauf es ankommt. Jesus will unser Ratgeber sein. Niemand kennt die Zusammenhänge unseres Lebens so gut wie er. Er kennt unsere Vergangenheit, er weiß, wie es um uns steht im Augenblick und er kennt Gottes guten Plan für unser Leben. Einen besseren Ratgeber können wir uns nicht wünschen. Manche Irrwege und schmerzvolle Erfahrungen könnten uns erspart werden, wenn wir auf seinen Rat hörten. Und dieser Rat kostet uns kein Geld, anders als bei den Fachleuten und Scharlatanen. In seinem Wort, das wir in der Bibel lesen, das uns in der Predigt verkündigt und ausgelegt wird, finden wir einen großen Schatz an guten Ratschlägen für unser Leben. Es zeigt uns den Weg zum Leben und leitet uns sicher ans Ziel. Wenn wir dieses Wort in der Stille lesen und ganz konkret fragen: "Herr, was willst du mir heute sagen?", dann erleben wir, dass es zu uns spricht und uns Weisung für den Tag gibt. Vielleicht heißt Jesus uns andere Wege gehen, als wir uns wünschen und vorstellen. Wir werden aber aus dem Rückblick erkennen: Sein Rat war der Beste.

Starker Gott, Vater der Ewigkeit

Dieses Kind von Bethlehem ist ein großes Geheimnis, das wir nur im Glauben erfassen können. Jesus ist wahrer Mensch und wahrer Gott. In ihm kommt Gott zu uns. Er zeigt, dass unsere Welt ihm nicht gleichgültig ist. Das Kind in der Krippe ist kein anderer als der starke Gott und der ewige Schöpfer.

Fürst des Friedens

Und schließlich: Das Kind von Bethlehem ist ein Fürst des Friedens. "Ehre sei Gott in der Höhe und Friede auf Erden, bei den Menschen seines Wohlgefallens." Das war die Botschaft der Engel an die Hirten, in der Nacht als Jesus geboren wurde.

Dieser Friede fängt im Herzen jedes einzelnen an. Denn wie sollten wir Frieden in unserer Welt schaffen, wenn wir ihn nicht in uns tragen?
Darum steht am Anfang der Schritt, Frieden mit Gott und uns selber zu schließen: "Da wir nun durch den Glauben gerecht geworden sind, so haben wir Frieden mit Gott." (Römer 5,1). Das ist für mich das größte Weihnachtsgeschenk. Wir dürfen bei Jesus unsere Schuld, unsere Sorgen, unsere Verletzungen und Enttäuschungen abgeben und uns mit seinem Frieden erfüllen lassen.

> Wie sollten wir den Frieden in unserer Welt schaffen, wenn wir ihn nicht in uns tragen?

Weil Gott uns mit seinem Frieden beschenkt, können wir diesen Frieden in unsere Welt tragen, in unsere Familie und Nachbarschaft, damit Menschen an diese Botschaft glauben und dieses Geschenk annehmen.

Und die Herrschaft ruht auf seinen Schultern

Jesus unterscheidet sich in wesentlichen Punkten von den Herrschern seiner Zeit und vielen Herrschern heute. Er übt keine Gewalt aus, er lässt sich nicht dienen, sondern dient den anderen. Er erwartet nicht von anderen, dass sie ihr Leben für ihn opfern, sondern opfert sich für die Menschen. Dieses bildhafte Wort, die Herrschaft ruht auf seinen Schultern, erinnert uns auch an den guten Hirten, der die verirrten und verlorenen Schafe sucht, sie auf seinen Schultern nach Hause trägt und dann ein großes Freudenfest feiert.

Seit Jesus in unsere Welt kam ist die Tür zum Vaterhaus offen und der Weg dahin ist frei. Jesus selber ist unsere offene Tür, er ist der Weg, die Wahrheit und das Leben. Er ist das Licht der Welt. Wer ihm nachfolgt wird nicht im Dunkeln bleiben, sondern das Licht des Lebens haben.

Ist "glauben können" eine Frage der Veranlagung?

"Ich würde auch gerne so glauben wie sie, aber ich kann es nicht. Ich bin halt kein frommer Typ." So begründen viele Menschen ihren Unglauben. Vielleicht haben Sie sich auch ihr eigenes Bild von einem frommen Menschen gemacht: etwas verträumt, leichtgläubig und weltfremd. Wer mit beiden Füßen auf der Erde steht, der tut sich schwer mit dem Glauben. Ist etwas Wahres dran? Ist es wirklich so, dass unsere Veranlagung und die Prägung, die wir durch unsere Lebenserfahrungen mitbekommen, darüber entscheiden, ob wir glauben können oder nicht? Ich möchte diese Frage noch ein wenig zuspitzen: "Gibt es Menschen, die so geprägt sind, dass der Weg zum Glauben für sie mit schier unüberwindbaren Hindernissen verbaut ist?"

Ein älterer Herr, mit dem ich mich vor einiger Zeit unterhielt, sagte mir: "Wissen Sie, mir kann keiner was vormachen. Ich bin im Krieg gewesen und war in Stalingrad mit meinen Kameraden eingeschlossen. Viele von ihnen haben gebetet und sind genauso verreckt, wie die, die geflucht haben. Überhaupt, ein Gott, der so etwas zulässt ..."

Es spricht also Vieles dafür, dass die Prägung, die wir durch unseren Lebensweg mitbekommen, tatsächlich einen entscheidenden Einfluss darauf hat, ob wir glauben können oder nicht. Ich möchte mit Ihnen an Hand von zwei Texten aus der Bibel dieser Frage nachgehen. Der erste handelt von Samuel, einem der großen Propheten in Israel. Der zweite vom Zöllner Matthäus, der durch Jesus in den Jüngerkreis berufen wurde.

Ein Musterknabe wird Prophet: 1. Samuel 3, 1-10

Der junge Samuel half Eli beim Priesterdienst. In jener Zeit kam es nur noch selten vor, dass der Herr zu einem Menschen sprach und ihm etwas offenbarte. Eli war fast erblindet. Eines Nachts schlief er an seinem gewohnten Platz und auch Samuel schlief im Heiligtum, ganz in der Nähe der Bundeslade. Die Lampe im Heiligtum brannte noch. Da rief der Herr: "Samuel!" "Ja", antwortete der Junge, lief schnell zu Eli und sagte: "Hier bin ich, du hast mich gerufen!" "Nein", sagte Eli, "ich habe nicht gerufen. Geh wieder schlafen!" Samuel ging und legte sich wieder hin. Noch einmal rief der Herr: "Samuel!", und wieder stand der Junge auf, ging zu Eli und sagte: "Hier bin ich, du hast mich gerufen!" Aber Eli wiederholte: "Ich habe dich nicht gerufen, mein Junge, geh nur wieder schlafen!" Samuel wusste noch nicht, dass es der Herr war; denn er hatte seine Stimme noch nie gehört. Der Herr rief ihn zum dritten Mal und wieder stand Samuel auf, ging zu Eli und sagte: "Hier bin ich, du hast mich gerufen!" Da merkte Eli, dass es der Herr war, der den Jungen rief, und er sagte zu ihm: "Geh wieder schlafen, und wenn du noch einmal gerufen wirst, dann antworte: Sprich, Herr, dein Diener hört!" Samuel ging und legte sich wieder hin. Da trat der Herr zu ihm und rief wie zuvor: "Samuel! Samuel!" Der Junge antwortete: "Sprich, dein Diener hört!"

Samuel ist so ein Typ, der von Kindesbeinen an mit Gott zu tun hatte. Er war im Grunde schon vor seiner Geburt für eine religiöse Laufbahn bestimmt. Seine Eltern hatten ihn im hohen Alter bekommen, nachdem seine Mutter Hanna viele Jahre um ein Kind gebetet hat. Sie hatte dabei ein Gelübde abgelegt: "Gott, wenn Du mir ein Kind schenkst, dann soll es dir gehören."

Hanna hielt sich tapfer an ihr Gelübde. Als Samuel so weit war, dass er ohne seine Mutter auskommen konnte, übergab sie ihn dem Hohenpriester Eli. Samuel sollte ihm dienen und auf eine Priesterlaufbahn vorbereitet werden. Samuel kam aus einem gottesfürchtigen Elternhaus und ging in das Haus des Hohenpriesters, um unter seiner Aufsicht zu lernen und aufzuwachsen. Er hatte gar keine Gelegenheit, etwas anderes in der Welt draußen kennen zu lernen. Ohne dass er etwas dafür konnte, waren die Weichen in seinem Leben so gestellt, dass er für das Priesteramt wie geschaffen war. Seit frühester Kindheit wurde er in Gottes Geboten und im Glauben der Väter unterwiesen. Seine Schlafstätte war der heiligste Ort in Israel, neben der Lade des Bundes. In dieser Lade wurden die Tafeln mit den zehn Geboten aufbewahrt.

Die Begegnung mit Gott

Man muss annehmen, dass Samuel schon in seinen jungen Jahren alles wusste, was man über Gott lernen und hören konnte. Trotzdem liest man in unserem Text eine überraschende Feststellung: "Samuel hatte den Herrn noch nicht kennen gelernt, und es war ihm keine Offenbarung des Herrn zuteil geworden."

> Glaube ist mehr als Wissen über Gott, mehr als Gebote und Traditionen befolgen.

Glaube ist also mehr als Wissen über Gott, mehr als Gebote halten und religiöse Traditionen befolgen, denn darin war ja Samuel schon ein Experte. Glaube entsteht durch eine persönliche Begegnung mit dem lebendigen Gott. Diese hatte Samuel bis dahin noch nicht erlebt. Diese Geschichte zeigt uns auch die Grenzen jeder religiösen

Erziehung: Man kann durch diese Erziehung einem jungen Menschen viele gute Gewohnheiten beibringen, z.B., dass er die Bibel liest und sonntags in die Kirche geht, dass er die zehn Gebote achtet, aber man kann ihm keinen Glauben anerziehen. Zu diesem Glauben gehört eine andere, wichtige Erfahrung, nämlich die persönliche Begegnung mit Gott und eine eigene Antwort auf diese Begegnung.

Die große Veränderung

Erst durch eine bewusste Entscheidung für die Berufung, die Gott aussprach, wurde aus Samuel ein Mann des Glaubens, der die Geschichte seines Volkes geprägt hat. An Stelle von religiösen Gewohnheiten trat nun eine Beziehung zu Gott, die ihn das ganze Leben hindurch begleitete.

Das Lebensbild Samuels erinnert mich oft an Kinder von gläubigen Eltern. Sie haben durch ihre Eltern und die Gemeinde sehr viel von Gott gehört. Das ist sicher eine große Hilfe und ein Vorrecht. Nun kommt es darauf an, dass sie im Erwachsenwerden einmal merken: Ich bin ganz persönlich von Gott angesprochen, es kommt auf meine Entscheidung an. Gott gesteht mir sogar das Recht zu, diese Entscheidung in großer Freiheit zu treffen und geht dabei das Risiko ein, dass ich mich gegen ihn entscheide. Die Eltern können diesen spannenden Prozess eigentlich nur durch Gebet und durch ein gutes Vorbild im Glauben begleiten. Jeder Druck und jede Manipulation führen zu unechten Entscheidungen, die wie faule Früchte vom Baum abfallen.

Ein korrupter Zollbeamter wird Jünger Jesu: Matthäus Evangelium 9, 9-13

Wir wenden uns jetzt der zweiten Geschichte zu, der Berufung von Matthäus in den Jüngerkreis, nachzulesen im Matthäus Evangelium 9, 9-13: Und als Jesus von dort wegging, sah er einen Menschen am Zoll sitzen, der hieß Matthäus; und er sprach zu ihm: Folge mir! Und er stand auf und folgte ihm. Und es begab sich, als er zu Tisch saß im Hause, siehe, da kamen viele Zöllner und Sünder und saßen zu Tisch mit Jesus und seinen Jüngern. Als das die Pharisäer sahen, sprachen sie zu seinen Jüngern: Warum isst euer Meister mit den Zöllnern und Sündern? Als das Jesus hörte, sprach er: Die Starken bedürfen des Arztes nicht, sondern die Kranken. Geht aber hin und lernt, was das heißt: "Ich habe Wohlgefallen an Barmherzigkeit und nicht am Opfer." Ich bin gekommen, die Sünder zu rufen und nicht die Gerechten.

Matthäus war ein Zollbeamter. Bei diesem Wort denkt man heute an nichts Böses, es sei denn, man will etwas durch den Zoll schmuggeln. Zollbeamte sind hierzulande geachtete Bürger. Im Orient sieht die Sache ganz anders aus. Zollbeamte dort sind berüchtigt für ihre Bestechlichkeit und ihr ungerechtes Handeln. Sie lassen sich von den Reichen bestechen und drücken beide Augen zu. Dafür müssen die normalen Bürger und die Armen, die keine Beziehungen haben, blechen.

Zur Zeit von Jesus war es in Israel noch schlimmer. Denn die Zollbeamten waren verhasste Kollaborateure. Sie haben mit der Besatzungsmacht Rom zusammen gearbeitet, um die sehr hohe Steuerlast einzutreiben. Die Römer waren schlau genug, diese schmutzige Arbeit den Einheimischen zu überlassen. Die Zollbeamten haben oft unter der Androhung von Gewaltanwendung weit mehr Steuern eingenommen, als sie eigentlich sollten und sich dabei ganz schön bereichert. Vor diesem Hintergrund kann man den Hass verstehen, den die Juden damals gegen die Zöllner empfanden.

In der Berufungsgeschichte steht folgender Satz: "Jesus sah einen Mann am Zoll sitzen, der hieß Matthäus und sagte zu ihm: Folge mir nach!" Jesus sieht Menschen offensichtlich mit anderen Augen an. Während alle in diesem Matthäus nur einen üblen Betrüger und Kollaborateur sehen, sieht Jesus einen Menschen, den Gott liebt und darum auch nicht aufgibt. Er sieht, was aus diesem Matthäus werden könnte, wenn Gott in sein Leben einzieht und dieses Leben verändert. "Komm, stehe auf und folge mir nach!" Dieses Wort von Jesus ist eine Einladung an Matthäus, einen neuen Anfang mit Gott zu wagen.

Können wir uns die Spannung vorstellen, die bei Matthäus selber und bei den Zuschauern aufkam? Wofür wird er sich nun entscheiden? Ohne langes Zögern steht Matthäus auf, lässt seinen Beruf und seine sichere Einkommensquelle hinter sich, um mit Jesus durch das Land zu ziehen. Er erkennt, dass Gott ihm hier eine Chance bietet, die sich nicht so bald wiederholt und trifft eine mutige Entscheidung. Wie kann man sich das erklären, dass ein Mensch innerhalb weniger Minuten eine so radikale Wende in seinem Leben vollzieht? Die Antwort können wir nur in Jesus selber finden. Bei ihm konnte man die Liebe Gottes ganz konkret erfahren. Und diese Liebe galt gerade den "nicht Frommen", den sogenannten Sündern und korrupten Zollbeamten. Deshalb fiel es ihnen nicht schwer, ihm zu vertrauen.

Nach dieser Begegnung mit Jesus veranstaltet Matthäus ein großes Fest in seinem Haus – ein Abschiedsfest vom alten Leben und ein Fest der Freude über den Neuanfang. Und wer sind seine Gäste? Nicht die Vornehmen und die Frommen, er lädt seine Freunde ein: Zöllner und stadtbekannte Sünder, wie es im Text heißt. Sie sollen sich mit ihm freuen und die Chance bekommen, seinen neuen Freund, Jesus, kennen zu lernen. Jesus schämt sich nicht, in dieser Gesellschaft von zwielichtigen Gestalten sich aufzuhalten. Er isst und feiert mit ihnen, auch wenn die frommen Pharisäer darüber entsetzt und wütend sind.

Die Antwort auf unsere Frage

Wir kommen zu unserer Ausgangsfrage zurück. Entscheiden unsere Veranlagung und unsere Prägung darüber, ob wir glauben können oder nicht? Können Samuel und Matthäus uns eine Antwort auf diese Frage geben? Diese beiden Menschen mit völlig unterschiedlichen Charakteren und Biographien – der eine ein vorbildlich erzogener, gottesfürchtiger Mann und der zweite ein Betrüger – haben den Ruf Gottes gehört und sind ihm gefolgt. Weder Herkunft, noch die bisherige Lebensgeschichte spielen die entscheidende Rolle dabei. Der Ruf Gottes erreicht die Nahen und die Fernen, die vermeintlich Gerechten und die Sünder. Alle sind eingeladen, ein Leben in der Nachfolge, in einer engen Bindung an Jesus Christus zu leben. Auch wir sind in diese Einladung eingeschlossen. Gott respektiert unsere Freiheit, er übt keinen Druck aus und wendet keine psychologischen Tricks an, um uns gefügig zu machen.

Der Ruf Gottes erreicht die Nahen und die Fernen, die vermeintlich Gerechten und die Sünder.

Ein Letztes, was uns Matthäus und Samuel noch zu sagen haben: Wenn ein Mensch den Ruf Gottes hört und annimmt, dann tritt eine radikale Veränderung in seinem Leben ein. Ohne diesen Ruf, wäre Samuel einer unter vielen tausend Priestern geblieben, die es in der Geschichte Israels gab. Er hätte weiterhin treu und brav seinen Dienst versehen, wie er es schon als Kind gelernt hatte. So ist er aber einer der herausragenden Männer in Israel geworden und hat die Geschichte seines Volkes maßgeblich geprägt. Matthäus wäre in seiner Zollbude geblieben, hätte weiterhin seine Landsleute betrogen und gefälschte Eintragungen in seine Bücher gemacht. Diese Bücher wären nach ein paar Jahren in irgendeinem Staatsarchiv gelandet und dort verstaubt. Weil er aber den Ruf Jesu gehört hat, wurde er einer von vier Evangelisten, die uns einen Bericht über Jesus überliefert haben. Sein Evangelium wird heute in aller Welt gelesen und hilft vielen Menschen, den Weg zum Glauben zu finden.

Gott ruft auch heute noch. Er lädt uns ein zu einem neuen Leben mit ihm. Unsere Prägung und bisherige Lebensgeschichte sind für ihn kein Hindernis. Wer diesen Ruf hört und ihm folgt, der hat, wie Matthäus damals, Grund zum Feiern.

"Ein Apfel ist an allem schuld", so lautet der Buchtitel des bekannten israelischen Satirikers Ephraim Kishon. Dieser Titel bezieht sich auf die biblische Geschichte von Adam und Eva im Paradies. Das gängige Bild vom Apfel als verbotene Paradiesfrucht stammt übrigens nicht aus der Bibel, sondern aus einer falschen Übersetzung des lateinischen Wortes *malum*, das sowohl "böse" als auch "Apfelbaum" bedeuten kann. Ob diese Geschichte mehr ist als nur ein Märchen, über das man nette Witze machen kann, das können wir am besten herausfinden, wenn wir den Bibeltext dazu hören und auf uns einwirken lassen:

Bibeltext zur Predigt: 1. Mose 2, 16-17 und 1. Mose 3, 1-13

Und Gott der HERR gebot dem Menschen und sprach: Du darfst essen von allen Bäumen im Garten, aber von dem Baum der Erkenntnis des Guten und Bösen sollst du nicht essen; denn an dem Tage, da du von ihm isst, musst du des Todes sterben.

Aber die Schlange war listiger als alle Tiere auf dem Felde, die Gott der HERR gemacht hatte, und sprach zu der Frau: Ja, sollte Gott gesagt haben: Ihr sollt nicht essen von allen Bäumen im Garten? Da sprach die Frau zu der Schlange: Wir essen von den Früchten der Bäume im Garten; aber von den Früchten des Baumes mitten im Garten hat Gott gesagt: Esset nicht davon, rühret sie auch nicht an, dass ihr nicht sterbet! Da sprach die Schlange zur Frau: Ihr werdet keineswegs des Todes sterben, sondern Gott weiß: an dem Tage, da ihr davon esst, werden eure Augen aufgetan, und ihr werdet sein wie Gott und wissen, was gut und böse ist. Und die Frau sah, dass von dem Baum gut zu essen wäre und dass er eine Lust für die Augen wäre und verlockend, weil er klug machte. Und sie nahm von der Frucht und aß und gab ihrem Mann, der bei ihr war, auch davon und er aß. Da wurden ihnen beiden die Augen aufgetan und sie wurden gewahr, dass sie nackt waren, und flochten Feigenblätter zusammen und machten sich Schurze. Und sie hörten Gott den HERRN, wie er im Garten ging, als der Tag kühl geworden war. Und Adam versteckte sich mit seiner Frau vor dem Angesicht Gottes des HERRN unter den Bäumen im Garten. Und Gott der HERR rief Adam und sprach zu ihm: Wo bist du? Und er sprach: Ich hörte dich im Garten und fürchtete mich; denn ich bin nackt, darum versteckte ich mich. Und er sprach: Wer hat dir gesagt, dass du nackt bist? Hast du nicht gegessen von dem Baum, von dem ich dir gebot, du solltest nicht davon essen? Da sprach Adam: Die Frau, die du mir zugesellt hast, gab mir von dem Baum und ich aß. Da sprach Gott der HERR zur

Frau: Warum hast du das getan? Die Frau sprach: Die Schlange betrog mich, sodass ich aß.

Jeder halbwegs kritische Leser der Bibel wird sofort einige Frage stellen: Ist nicht dieses Gebot, "Du darfst essen von allen Bäumen im Garten, aber von dem Baum der Erkenntnis des Guten und Bösen sollst du nicht essen.", der Grund dafür, dass Adam und Eva schuldig werden und das Unheil seinen Lauf nimmt? Warum hat Gott diesen Baum überhaupt gepflanzt und das erste Menschenpaar dadurch in Versuchung gebracht? Verbotene Frucht schmeckt bekanntlich am besten.

Man kann darüber nur spekulieren. Wollte Gott den Menschen damit auf die Probe stellen, ob er wohl bereit wäre, ihm zu vertrauen und zu gehorchen? Oder sollte der Mensch lernen, dass es Grenzen gibt, die er nicht überschreiten darf, auch wenn er die Möglichkeit dazu hat? Diese Frage nach den Grenzen verantwortlichen Handelns ist übrigens heute ständig präsent. Die Gentechnik, die Stammzellenforschung und die Präimplantationsdiagnostik bei künstlich erzeugten Embryonen sind nur einige von vielen Beispielen, bei denen wir uns fragen müssen: Wo gibt es hier Grenzen, die wir nicht überschreiten dürfen, ohne Schaden anzurichten?

Eine andere Frage, über die wir uns den Kopf zerbrechen können, ist die nach dem Ursprung des Bösen. Der biblische Schöpfungsbericht schließt mit den Worten: "Gott sah alles an, was er geschaffen hatte und siehe, es war gut." Ganz unvermittelt erscheint hier der Versucher in der Gestalt der Schlange und verführt Adam und Eva, gegen Gott zu rebellieren. Woher kam er und wer hat ihn geschaffen? Die Bibel macht keine Angaben darüber. Sie geht einfach davon aus, dass das Böse, oder der Böse, fast von Anfang an eine Begleiterscheinung der Menschheitsgeschichte ist. Die Bibel spricht auch von einer bösen Macht als Person und als Gegenspieler zu Gott. Jesus beschreibt ihn als Mörder und Lügner von Anfang an und als Vater der Lüge. Satan, der Durcheinanderbringer, setzt alles daran, Unheil in Gottes Schöpfung zu bringen.

Eine andere Frage, über die wir uns den Kopf zerbrechen können, ist die nach dem Ursprung des Bösen.

Der biblische Bericht über Adam und Eva beschreibt, wie es dem Gegenspieler Gottes durch geschickte Taktik gelingt, Misstrauen gegen Gott in die Herzen der Menschen zu säen. Dieses Misstrauen ist dann der Nährboden für die konkrete Tat des

Ungehorsams. Und er beschreibt auch, wie der Mensch sich verhält, wenn Gott ihn zur Rede stellt. Wir können über diese uralte Geschichte nur staunen, weil sie so treffend uns vor Augen malt, was wir dauernd um uns herum und in uns selbst erleben.

Der Versucher tritt an Eva heran und fängt ein Gespräch mit ihr an. Dabei geht er sehr geschickt vor. Ja, er zitiert sogar das Wort Gottes, wenn auch entstellt und aus dem Zusammenhang herausgerissen. Der Teufel kann, wenn es ihm in den Kram passt, sich sehr fromm und bibelkundig geben. Das hat er auch bei der Versuchung von Jesus in der Wüste bewiesen. Er kennt unsere Schwachstellen, wo jeder leicht zu packen ist, und setzt genau dort an.

"Ja, sollte Gott gesagt haben: Ihr sollt nicht essen von allen Bäumen im Garten?" Scheinbar harmlos fängt die Schlange an. Und doch soll durch diese Frage Zweifel an Gottes Gebot in Evas Herz gesät werden. Das Gebot Gottes: "Du darfst essen von allen Bäumen im Garten, aber von dem Baum der Erkenntnis des Guten und Bösen sollst du nicht essen!" wurde vom Versucher mit List verdreht und heißt nun: "Von allen Bäumen dürft ihr NICHT essen". Gott wird als Miesmacher dargestellt, der einem nichts gönnt und überall Verbotsschilder aufstellt. Das ist die Vorstellung, die viele Menschen von Gott haben. Sie übersehen dabei, welche verschwenderische Vielfalt Gott in seine Schöpfung hineingelegt und den Menschen zur Verfügung gestellt hat.

Eva fällt auf diese grobe Lüge der Schlange nicht herein. Sie verteidigt Gott und sagt: "Er hat alle Früchte uns zur Nahrung freigegeben, und nur von dem Baum in der Mitte des Gartens dürfen wir nicht essen. Damit können wir doch gut leben, oder?"

Die Schlange hat im ersten Anlauf ihr Ziel noch nicht erreicht, aber sie lässt nicht locker, sie ködert Eva weiter: "Ihr werdet keineswegs des Todes sterben, sondern Gott weiß: an dem Tage, da ihr davon esst, werden eure Augen aufgetan, und ihr werdet sein wie Gott und wissen, was gut und böse ist." Der Versucher legt seine Karten offen auf den Tisch. Seine Strategie ist jetzt klar: Eva braucht Gott und seine Gebote nicht ernst zu nehmen. Das ist doch purer Unsinn, dass man sich den Tod holen kann, nur weil man ein Gebot missachtet. Gleichzeitig wird Zweifel an Gottes Güte in Evas Herz geschürt: "Gott meint es nicht gut mit euch, wenn er euch diesen Baum verbietet. Seine Motive sind Eifersucht und Missgunst. Und im Übrigen, Gottes Gebote machen dumm und hemmen die Selbstverwirklichung. Darum: Setzt euch ruhig über diese alten Ordnungen hinweg."

"Und die Frau sah, dass von dem Baum gut zu essen wäre und dass er eine Lust für die Augen wäre und verlockend, weil er klug machte."

Eva schaut die verbotene Frucht noch einmal an. Plötzlich erscheint diese Frucht schön und verlockend, sie weckt Begehrlichkeiten auf. Die ganze Fülle, die Gott Adam und Eva im Paradies schenkt, ist nicht mehr genug. Nein, gerade diese eine Frucht, die ihnen vorenthalten wurde, wird jetzt zum Objekt der Begierde, das Eva unbedingt haben muss.

Geht es uns nicht oft wie Eva in dieser Geschichte? Wir alle sind von Gott reich beschenkt mit Gaben und Möglichkeiten. Trotzdem gelingt es dem Satan, unseren Blick gerade auf die Dinge zu lenken, die wir nicht haben. Er schafft es, dass wir ein undankbares Herz bekommen, dass wir Gott verdächtigen und schließlich nach den Dingen greifen, die uns nicht gehören, oder die Gott aus guten Gründen uns vorenthalten hat.

Da lebt ein Mann viele Jahre glücklich mit seiner Frau, die er schätzt und liebt. Dann lernt er, eher zufällig, eine andere kennen. Sie hat vielleicht Eigenschaften, die seine Frau nicht besitzt, und der Satan flüstert ihm zu: "Mit dieser Frau wäre das Leben doch viel interessanter." Dieser Gedanke wirkt sich wie Gift auf die Beziehung zur Ehefrau aus. Sie sieht in seinen Augen auf einmal nicht mehr so vorteilhaft aus. Er entdeckt viele Dinge an ihr, die ihn stören, und spielt mit dem Gedanken, ihr untreu zu werden. Das ist oft der erste Schritt, der zum Zerbruch der Ehe führt.

Es ist hier offenkundig: Wer sich mit dem Versucher auch nur an einer Stelle einlässt, wer ihm nur eine Spur von Glauben schenkt, der verfällt ihm mit Haut und Haaren. Darum sagt uns die Bibel: "Widersteht dem Satan, so wird er von euch fliehen. Lasst euch gar nicht erst auf große Diskussionen mit ihm ein!" Augen, Ohren, Phantasie und Sinne sind die bevorzugten Einfallstore des Bösen in unser Leben. "Sie sah..." und dann geht es Schlag auf Schlag: sie sah - sie nahm - sie aß - sie gab. Es ist wie bei einer schiefen Ebene. Wer das Gefälle einmal betreten hat, für den gibt es kein Halten mehr. Eva sieht die Frucht, nimmt sie vom Baum, isst davon und gibt sie ihrem Mann weiter.

Auch Adam hat sich in dieser Geschichte nicht gerade mit Ruhm bekleckert. Eva widersteht am Anfang, wenn auch nur für eine kurze Zeit. Adam nimmt die angebotene Frucht wortlos entgegen und isst sie. Er macht nicht den geringsten Versuch, Widerstand zu leisten. Als Folge des Ungehorsams gegen Gott machen Adam und Eva Bekanntschaft mit neuen Erfahrungen: Scham voreinander und Angst vor Gott. Sie verstecken sich voreinander, indem sie sich ein Kleid aus Feigenblättern zusammennähen und sie laufen vor Gott weg. Der vertraute Umgang, den sie vorher mit Gott pflegten, ist jetzt nicht mehr möglich. Sie verstecken sich vor ihm in einem Gebüsch. Das Versprechen des Satans, "Ihr werdet sein wie Gott", erweist sich als eine erbärmliche Lüge. Sünde zerstört die Beziehung zum Nächsten und zu Gott und damit zerstört sie den Menschen selbst, weil er ohne diese Beziehung nicht leben kann.

> Sünde zerstört die Beziehung zum Nächsten und zu Gott und damit zerstört sie den Menschen.

Aber Gott lässt den Menschen nicht allein mit seiner Schuld. Das ist die gute Nachricht an dieser Geschichte. Er sucht ihn auf und stellt ihn zur Rede: "Adam, wo bist du? Warum hast du dich versteckt?" Wenn Gott uns wegen unserer Schuld zur Rede stellt, dann nicht deshalb, weil es ihm Spaß macht, uns bloß zu stellen. Er will uns Gelegenheit geben, diese Schuld zu bekennen und zu bereinigen. Adam lässt aber diese Gelegenheit, die Gott ihm bietet, ungenutzt verstreichen. Er fühlt sich angegriffen und muss sich deshalb verteidigen. Damit kommen wir zu einem zentralen Punkt in dieser Geschichte: Wie geht Adam, wie geht der Mensch mit seiner Schuld um?

Unser Umgang mit Schuld hat sich seit Adam nicht verändert. Zuerst versuchen wir, uns zu verstecken und die Schuld zu verleugnen. Wenn das nicht mehr geht, dann fängt das große Verschiebespiel an. "Ich war es nicht" sagt Adam, "es ist die Frau, die du mir als Hilfe zur Seite gestellt hast." Adam schiebt die Schuld auf Eva und indirekt auf Gott. Eva verhält sich tupfengleich: "Die Schlange hat mich betrogen. Und schließlich hast Du, Gott, die Schlange geschaffen. Also trifft auch Dich ein Teil der Schuld."

Dieses Verschiebespiel läuft fast täglich bei uns ab: Im Berufsleben, in der Gemeinde und in der Familie. Wann immer etwas schief läuft, dann will keiner die Verantwortung tragen. Jeder schiebt den schwarzen Peter seinem Nächsten zu und schließlich landet er bei Gott, weil er dieses und jenes zugelassen hat. Niemand von uns will mit dem Makel eines Schuldspruchs leben, niemand will als ein Versager dastehen. Wie viel Zeit und Energie werden bei diesem Spiel aufgewendet und vergeudet? Machen wir doch einmal den Versuch, in der kommenden Woche zu beobachten, wie oft wir uns in Gedanken und Worten rechtfertigen – unserem Gewissen, unserem Ehepartner, unseren Freunden und Berufskollegen gegenüber – und wie oft wir die Schuld auf andere abschieben.

Gott hat Adam zur Rede gestellt und wollte ihm helfen, aus seinem Versteck wieder heraus zu kommen. Er wollte ihn von diesem Zwang befreien, sich rechtfertigen und die Schuld auf andere abschieben zu müssen. Adam stand in diesem Augenblick allein vor Gott. Er sollte nicht darüber nachdenken, dass die anderen auch Schuld auf sich geladen haben, sondern über sein eigenes Verhalten nachdenken. Wie können wir dahin kommen, dass wir die Chance ergreifen, die Gott uns gibt, wenn er uns anspricht? Wie können wir diesen Teufelskreis der gegenseitigen Schuldzuweisung durchbrechen?

Ich denke, es fängt damit an, dass wir uns nicht mehr angegriffen fühlen und vor einer Strafe fürchten müssen. Das lernen wir doch von unseren Kindern. Wenn wir sie in einem ruhigen und liebevollen Ton über ihr Fehlverhalten ansprechen, dann fällt es ihnen leichter, offen darüber zu reden und Fehler einzugestehen. Wenn Gott mit uns über unsere Schuld spricht, dann ist sein Herz zwar von Schmerz über unsere Untreue erfüllt, aber er ist immer noch der liebevolle Vater, der an Versöhnung statt Bestrafung interessiert ist. Das wissen wir seit Jesus Christus zu uns gekommen ist und sein Leben für uns gegeben hat, damit wir mit diesem Versteckspiel aufhören und zu unserer Schuld stehen.

Gott wollte Adam von dem Zwang befreien, sich rechtfertigen und die Schuld auf andere abschieben zu müssen.

Jesus Christus, der ohne Schuld war, hat sich selbst für uns gegeben, um uns vor Gott zu rechtfertigen. Er macht uns gerecht und durch ihn haben wir Frieden mit Gott. Wenn wir das kapiert haben, dann können wir zu unserer Schuld stehen und sie bekennen. Wir müssen nicht mehr fürchten, das Gesicht zu verlieren. Unsere Beziehung zum Nächsten wird ehrlich und entkrampft. Wir kommen auch mit Gott wieder ins Reine und dann machen wir die befreiende Erfahrung, die David in Psalm 32 beschreibt: "Denn als ich es wollte verschweigen, verschmachteten meine Gebeine durch mein tägliches Klagen. Denn deine Hand lag Tag und Nacht schwer auf mir, dass mein Saft vertrocknete, wie es im Sommer dürre wird. Darum bekannte ich dir meine Sünde, und meine Schuld verhehlte ich nicht. Ich sprach: Ich will dem HERRN meine Übertretungen bekennen. Da vergabst du mir die Schuld meiner Sünde."

Die Geschichte von Adam und Eva im Paradies spielt sich täglich in unserem Leben ab. Sie zeigt ein zutiefst menschliches Verhalten im Umgang mit der Schuld: Verleugnen, sich verstecken und die Schuld auf andere abschieben. Leider führt das oft zu einem Bruch in den Beziehungen zu unseren Mitmenschen und zu Gott. Aber Gott weist uns den Weg aus dieser Sackgasse heraus. Dieser Weg heißt: Schuld eingestehen, Vergebung empfangen und sich wieder versöhnen.

Predigtext: Lukas 15, 1-10

Eines Tages waren wieder einmal alle Zolleinnehmer und all die anderen, die einen ebenso schlechten Ruf hatten, bei Jesus versammelt und wollten ihn hören. Die Pharisäer und die Gesetzeslehrer murrten und sagten: "Er lässt das Gesindel zu sich! Er isst sogar mit ihnen!" Da erzählte ihnen Jesus folgendes Gleichnis: "Stellt euch vor, einer von euch hat hundert Schafe und eines davon verläuft sich. Lässt er dann nicht die neunundneunzig allein in der Steppe weitergrasen und sucht das verlorene so lange, bis er es findet? Und wenn er es gefunden hat, dann freut er sich, nimmt es auf die Schultern und trägt es nach Hause. Dort ruft er seine Freunde und Nachbarn zusammen und sagt zu ihnen: Freut euch mit mir, ich habe mein verlorenes Schaf wiedergefunden! Ich sage euch: Genauso ist bei Gott im Himmel mehr Freude über einen Sünder, der ein neues Leben anfängt, als über neunundneunzig andere, die das nicht nötig haben."

"Oder stellt euch vor, eine Frau hat zehn Silberstücke und verliert eins davon. Zündet sie da nicht eine Lampe an, fegt das ganze Haus und sucht in allen Ecken, bis sie das Geldstück gefunden hat? Und wenn sie es gefunden hat, ruft sie ihre Freundinnen und Nachbarinnen zusammen und sagt zu ihnen: Freut euch mit mir, ich habe mein verlorenes Silberstück wiedergefunden! Ich sage euch: Genauso freuen sich die Engel Gottes über einen einzigen Sünder, der ein neues Leben anfängt."

Die Frommen haben Probleme mit Jesus

Die Pharisäer und die Schriftgelehrten murrten und sagten: "Dieser nimmt Sünder an und isst mit Ihnen." Ist es nicht seltsam, dass ausgerechnet die Frommen und die Bibelkenner die größten Probleme mit Jesus hatten? Das gibt mir zu denken.

Die Pharisäer waren sogar sehr fromm. Sie gaben sich große Mühe, die Gebote Gottes in allen Einzelheiten zu erfüllen und wurden im Volk hoch geachtet. Die andere Gruppe, von der hier in unserem Predigttext die Rede ist, die Schriftgelehrten, das waren die Theologen, die höchste Autorität in Sachen Religion damals. Diese beiden Gruppen lagen ständig im Streit mit Jesus und haben schließlich mit Hilfe der Römer ihn ans Kreuz genagelt. Warum?

Jesus passt einfach nicht in das Denkschema von religiösen Menschen. Er saß mit Leuten zusammen, die jeder Gottesfürchtige meiden sollte, mit betrügerischen Zollbeamten und mit Prostituierten. Das war den Schriftgelehrten und Pharisäern ein

Dorn im Auge und sie äußerten ganz deutlich ihr Missfallen: " Er lässt das Gesindel zu sich! Er isst sogar mit ihnen!" Jesus hat diese Menschen durch die Tischgemeinschaft aufgewertet. Er hat auch seinen Ruf aufs Spiel gesetzt, weil er sie liebte und retten wollte. Das konnten die Pharisäer nicht verstehen.

Jesus passt nicht in das Denkschema von religiösen Menschen.

Für religiöse Leute gibt es klare Verhältnisse und Trennlinien. Wer Gottes Gebote kennt und danach lebt, der kann mit Belohnung rechnen. Die anderen, die zweifelhaften Gestalten und Gestrauchelten, die verdienen Verachtung und das Strafgericht Gottes. Religion funktioniert nach dem Prinzip von Leistung und Lohn, sie ist logisch und berechenbar. Man weiß, was man selber zu tun hat und was Gott einem dafür dann schuldet. Da ist wenig Raum für Liebe und Dankbarkeit in dieser Beziehung, darum ist auch kein Raum für Jesus. Was die Pharisäer bewusst oder unbewusst übersehen haben ist, dass viele von diesem sogenannten Gesindel ihr Leben nach der Begegnung mit Jesus total umgestellt haben. Sie waren so überwältigt von seiner Liebe und Güte, dass sie ihre Schuld erkannten. Diese Erkenntnis führte zur Reue und zur Umkehr. Sie war der Beginn eines neuen Lebens. Unverdiente Liebe kann einen Menschen im positiven Sinne umkrempeln. Eine verdiente Schelte macht ihm höchstens ein schlechtes Gewissen. Sie hilft ihm aber nicht, sich zu verändern.

Jesus, wie es oft seine Art war, antwortet auf die Anklage der Pharisäer mit Gleichnissen. Für mich gehören diese Gleichnisse zu den schönsten Abschnitten der Bibel. Sie zeigen in wenigen Worten das Wesentliche, was wir über Gott wissen müssen, viel besser als eine ganze theologische Bibliothek mit vielen Bänden. So kann nur einer erzählen, der Gott ins Herz geschaut hat, nämlich sein eigener Sohn, Jesus Christus. Nun zu den beiden Gleichnissen und ihre Botschaft.

Das Gleichnis von der verlorenen Münze

Ich fange mit dem zweiten Gleichnis an. Es handelt von einer Frau, die eine Münze verliert, eine ganz alltägliche Erfahrung. Ich habe auch meine liebe Not mit dem Verlegen von wichtigen Sachen. Das bringt mich und meine Familie manchmal in ganz unangenehme Situationen. Meine Frau bekam das gleich auf der ersten Flugreise nach unserer Verlobung zu spüren. Bei einer Zwischenlandung – wir wollten gerade im Flughafenhotel einchecken – habe ich festgestellt, dass ich meinen Reisepass und mein Ticket nicht mehr bei mir hatte. Ich durfte dann mit einem Angestellten der Fluggesellschaft zurück zum Flugzeug. Das Reinigungspersonal hatte inzwischen alles, was auf den Sitzen herumlag, aufgeräumt und in Müllsäcke gestopft. Schließlich fand ich die vermissten Papiere in einem dieser Müllsäcke. Es war wie ein Wunder. Entsprechend groß waren meine Freude und die Erleichterung.

Mehr als einmal stand ich an der Kasse eines Supermarktes und suchte vergeblich in sämtlichen Taschen nach meinem Geldbeutel. Von den vielen Erfahrungen mit verlorenen Schlüsseln will ich lieber nicht anfangen zu erzählen. Viele Menschen, die dieses Problem mit mir teilen, können besser als andere das Gleichnis von der verlorenen Münze verstehen. Sie können die Freude über das Wiederfinden sehr gut nachempfinden. Und so bedauere ich manchmal die anderen, die alles perfekt organisiert haben und nie etwas verlieren. Ihnen entgehen nämlich das spannende Erlebnis des Suchens und die Freude, die einem widerfährt, wenn man das Verlorene wieder gefunden hat.

Die Frau, von der Jesus im Gleichnis erzählt, stellt das ganze Haus auf den Kopf, um die verlorene Münze zu finden. Aus unserer Sicht heute ist das schwer zu verstehen, warum sie sich so viel Mühe gibt und so viel Zeit dafür einsetzt, um die Münze wieder zu finden. Schließlich ist Zeit auch Geld. Und ist es nicht übertrieben, hinterher die Nachbarinnen und Freundinnen zu einem Freudenfest einzuladen nur wegen einer wiedergefundenen Münze? Wir würden unsere Nachbarn höchstens dann einladen zum Mitfeiern, wenn wir den Jackpot im Lotto geknackt haben.

Wo ist der Schlüssel zum Verständnis dieser Gleichniserzählung? Die Erklärung liegt darin, dass die Münze für die Frau einen sehr großen Wert hatte. Vielleicht war die Frau arm und konnte sich diesen Verlust nicht leisten. Die Münze entsprach damals dem Tageslohn eines Arbeiters. Oder es gab einen anderen Grund. Manche Ausleger sagen, dass eine israelische Braut zu jener Zeit genau zehn Silbermünzen für ihren Kopfschmuck brauchte. Die fehlende Silbermünze hätte vielleicht das bevorstehende Hochzeitsfest verzögern können. Was auch immer der Grund war, eines wird uns deutlich: Wir können den Wert eines Gegenstandes nicht objektiv messen. Ein Gegenstand ist so viel Wert, wie sein Besitzer ihm zumisst. Man spricht ja auch von Liebhaberpreisen, die manche bereit sind zu zahlen für Dinge, die ein anderer überhaupt nicht wertschätzt.

Ich habe vor einiger Zeit eine Sendung über die wertvollsten Briefmarken unserer Welt gesehen. Als Laie war ich erstaunt, dass sie gar nicht so schön ausgesehen haben. Die meisten waren ziemlich blass, einige waren sogar Fehldrucke. Ihr Wert besteht darin, dass sie seltene Exemplare sind. Das gilt auch für uns Menschen: Jeder von uns ist in Gottes Augen ein einmaliges Original, von ihm erschaffen, gewollt und geliebt.

Und seht ihr: Das ist unser Problem mit Gott. Wir teilen die Menschen in Kategorien ein. Manche sind gut und wertvoll. Wir schätzen sie und tun alles, um sie als Freunde zu gewinnen. Andere taugen nichts in unseren Augen, an diesen haben wir kein Interesse. Gott hat eine ganz andere Logik. Oder sollte ich lieber 'ein anderes Herz' sagen? Ihm sind alle gleich wichtig. Egal, ob sie oben oder unten auf der sozialen Leiter stehen, ob sie anständig oder moralisch verwerflich sind. Manchmal scheint er sogar die weniger angesehenen Menschen wichtiger zu nehmen als die hoch geachteten. Er sucht sie auf und will sie ins Vaterhaus holen. Ihnen gilt seine Liebe, weil sie ihn noch mehr brauchen als die anderen. "Nicht die Gesunden brauchen einen Arzt", sagt Jesus, "sondern die Kranken."

Jeder von uns ist in Gottes Augen ein einmaliges Original, von ihm erschaffen, gewollt und geliebt.

Das Gleichnis vom Verlorenen Schaf

Wir wollen jetzt das andere Gleichnis vom verlorenen Schaf kurz betrachten. Genau wie die Frau im ersten Gleichnis handelt der Hirte hier unlogisch. Er lässt die neunundneunzig Schafe allein und sucht das eine, verlorene Schaf. Warum gibt er sich so viel Mühe? Er hätte sagen können: "Selber schuld, dieses dumme Schaf. Warum ist es von der saftigen Weide abgekommen? Warum hat es den Schutz der Herde verlassen und ist eigene Wege gegangen? Geschieht ihm recht, wenn es mal lernt, wohin der Eigensinn führt. Und selbst, wenn es den Weg nicht zurückfindet, habe ich immer noch 99% meiner Herde beisammen. Ich kann diesen Verlust verschmerzen." Das sind alles menschliche Gedanken, die hier keine Geltung haben, weil Liebe im Spiel ist. Der Hirte hat eine besondere Beziehung zu jedem Schaf und er möchte keines davon missen. Mögen sie noch so eigensinnig und schwierig sein.

Eher riskiert er sein Leben, als dass er dieses eine Schaf verloren gibt. Als er das Schaf findet, trägt er es auf den Schultern nach Hause und lässt ein großes Fest feiern.

Gott kennt leidenschaftliche Gefühle

Jesus malt uns einen Gott vor Augen, der Gefühle kennt, ja sogar leidenschaftlich sein kann, einen Gott, der seine Geschöpfe liebt. Dieser Gott bedeutet das Ende jeder Religion, weil er nicht nach dem Prinzip von Leistung und Lohn handelt. Liebe überschreitet die Grenzen des religiösen Denkens. Sie verschenkt sich ohne zu fragen: "was wird mir dafür?"

Gott ist auf der Suche nach den Verlorenen. Das will uns Jesus sagen und er muss es wissen. Sein Leben war der beste Beweis für diese suchende Liebe Gottes, die nicht aufgibt. "Niemand hat größere Liebe, als der, der sein Leben für seine Freunde gibt." Das hat Jesus einmal seinen Jüngern gesagt, wenige Wochen vor seinem Tod am Kreuz.

> Liebe überschreitet die Grenzen des religiösen Denkens. Sie verschenkt sich ohne zu fragen: "Was wird mir dafür?"

Die beiden Gleichnisse beschreiben wichtige Merkmale der Liebe Gottes:

- Sie sucht und gibt nicht auf. Sie ergreift selber die Initiative und wartet nicht, bis der andere den ersten Schritt tut.
- Sie nimmt große Opfer auf sich.
- Sie freut sich riesig, wenn ein verlorener Mensch wieder gefunden wird. Jesus sagt uns, dass ein großes Fest im Himmel gefeiert wird jedes Mal, wenn ein Mensch umkehrt und zu Gott zurückfindet. Da wird es bei Gott sicher nicht langweilig werden.

Eine Anfrage an die Frommen

Der eigentliche Adressat dieser Gleichnisse sind die frommen Pharisäer. Sie sind durch ihre strenge Religiosität zu Heuchlern geworden, blind für die eigenen Fehler und hartherzig gegenüber den anderen. Mit ihrem Hochmut stehen sie zwischen den Menschen und Gott. Sie bleiben draußen vor der Tür stehen und versperren anderen, die hinein wollen, den Weg. Jesus will sie für sein Anliegen gewinnen, verlorene Menschen zu suchen und sie auf dem Weg zu Gott zu begleiten. Er lädt sie ein, sich mit Gott zu freuen und zu feiern, wenn Verlorene wieder gefunden werden.

Bibeltext zur Predigt: Lukas 10, 25-37

Da kam ein Gesetzeslehrer und wollte Jesus auf die Probe stellen; er fragte ihn: "Lehrer, was muss ich tun, um das ewige Leben zu bekommen?" Jesus antwortete: "Was steht denn im Gesetz? Was liest du dort?" Der Gesetzeslehrer antwortete: "Liebe den Herrn, deinen Gott, von ganzem Herzen, mit ganzem Willen und mit aller deiner Kraft und deinem ganzen Verstand! Und: Liebe deinen Mitmenschen wie dich selbst!" "Du hast richtig geantwortet", sagte Jesus. "Handle so, dann wirst du leben."

Aber dem Gesetzeslehrer war das zu einfach, und er fragte weiter: "Wer ist denn mein Mitmensch?" Jesus nahm die Frage auf und erzählte die folgende Geschichte: "Ein Mann ging von Jerusalem nach Jericho hinab. Unterwegs überfielen ihn Räuber. Sie nahmen ihm alles weg, schlugen ihn zusammen und ließen ihn halbtot liegen. Nun kam zufällig ein Priester denselben Weg. Er sah den Mann liegen und ging vorbei. Genauso machte es ein Levit, als er an die Stelle kam: Er sah ihn liegen und ging vorbei. Schließlich kam ein Reisender aus Samarien. Als er den Überfallenen sah, ergriff ihn das Mitleid. Er ging zu ihm hin, behandelte seine Wunden mit Öl und Wein und verband sie. Dann setzte er ihn auf sein eigenes Reittier und brachte ihn in das nächste Gasthaus, wo er sich weiter um ihn kümmerte. Am anderen Tag zog er seinen Geldbeutel heraus, gab dem Wirt zwei Silberstücke und sagte: "Pflege ihn! Wenn du noch mehr brauchst, will ich es dir bezahlen, wenn ich zurückkomme." "Was meinst du?" fragte Jesus. "Wer von den dreien hat an dem Überfallenen als Mitmensch gehandelt?" Der Gesetzeslehrer antwortete: "Der ihm geholfen hat!" Jesus erwiderte: "Dann geh und mach du es ebenso!"

Eine wichtige Frage

Das Wort Gesetzeslehrer oder Schriftgelehrter, wie es bei Luther heißt, bedarf einer kurzen Erklärung, weil es nicht zu unserer Alltagssprache gehört. Gesetzeslehrer waren Theologen und Juristen in einer Person. Sie haben das AT, die Bibel der Juden, gründlich studiert und daraus Gesetze für das Leben im Alltag abgeleitet. Sie waren eine angesehene Berufsgruppe in Israel, in der Zeit, in der Jesus gelebt hat. Einer aus dieser Gruppe kommt zu Jesus und fragt ihn: "Was muss ich tun, um das ewige Leben zu bekommen?"

Ist diese Frage für die Menschen unserer Zeit überhaupt von Bedeutung, dass wir uns jetzt damit befassen, oder stehen ganz andere Themen im Mittelpunkt des Interesses?

Etwa die Finanzkrise, die Arbeitslosigkeit, die bedrohte Umwelt, und der Kampf gegen den Terror?

Die Fragen, die unsere ganze Aufmerksamkeit beanspruchen, werden im Wesentlichen von den Medien bestimmt. Die Medien sorgen auch dafür, dass diese Themen sehr kurzlebig sind, weil sie vom Reiz der Neuigkeiten leben. Was uns heute brennend interessiert, ist in ein paar Monaten Schnee von gestern. Was aber noch schlimmer ist: Es wird in uns ein Gefühl von Hilflosigkeit und Resignation erzeugt: "Was kann ich schon als kleiner Hansel tun, um Probleme von dieser Dimension zu lösen?"

> Die Fragen, die unsere Aufmerksamkeit beanspruchen, werden von den Medien bestimmt.

Das Gute an der Frage in unserem Bibeltext ist, dass sie uns aus der Resignation herausholt. Das eigene Tun wird auf einmal wichtig: "Was muss ich t u n , um das ewige Leben zu bekommen?" Man muss diese Frage nur etwas anderes formulieren, dann merkt man, dass sie auch heute noch wichtig ist: "Was ist der Sinn und das Ziel meines Lebens? Wie kann mein Leben gelingen?" Und schließlich: "Wie kann ich vor Gott und meinem Gewissen bestehen, wenn ich Rechenschaft für mein Leben ablegen muss, nicht nur nach meinem Tod, sondern hier und jetzt?" All das steckt hinter der Frage nach dem ewigen Leben.

Es gibt nur einen kleinen Schönheitsfehler in dieser Geschichte. Der Mann, der die Frage stellt, ist nicht an einer echten Antwort interessiert. Er will Jesus nur auf die Probe stellen. Dieser Jesus war nämlich den religiösen Führern in Israel ein Dorn im Auge. Die Menschen waren fasziniert von seiner Art über Gott zu reden. Sie war sehr lebendig und hatte mit ihren Sorgen und Nöten im Alltag zu tun. Seine Reden und Heilungswunder machten ihn im ganzen Land bekannt. Kein Wunder, dass die religiösen Führer diese Konkurrenz mit Neid und Hass betrachteten. Sie suchten jede Gelegenheit, um ihm eine Falle zu stellen. So auch jetzt mit dieser Frage.

Jesus bleibt in dieser Situation souverän. "Echt cool!", würden die jungen Leute sagen. Er lässt sich nicht provozieren durch die böse Absicht des Schriftgelehrten. Er nimmt sogar die Frage ernst und hofft, durch das Gespräch seinen Gegner zum Nachdenken zu bringen. So mancher Spötter hat seine Meinung über Gott geändert, als er sich mit der Bibel ernsthaft befasste. Und Jesus rechnet bei seiner Antwort genau mit dieser Kraft des Wortes Gottes.

Jesus verweist auf die Bibel

"Du kennst doch die Bibel in- und auswendig." - Schriftgelehrte haben viel Zeit damit verbracht, die Bibel zu studieren und anderen Menschen zu erklären. "Was steht denn in der Heiligen Schrift, was liest du darin über deine Frage?"

Jesus drückt sich nicht vor einer Antwort. Er verweist auf die Heilige Schrift als letzte Autorität über die Grundfragen unseres Lebens. Warum? Weil Gott, der uns ins Leben gerufen hat, in der Bibel zu uns redet und uns darin auf diese Fragen Antwort gibt. Ich will damit nicht behaupten, dass die Bibel uns Antwort auf alle Fragen unseres Lebens gibt. Das wäre zu simpel. Wir werden heute mit ganz neuen Fragestellungen konfrontiert, die es in der Zeit, als die Bibel verfasst wurde, noch nicht gab. Oft müssen wir mühsam mit Hilfe der biblischen Maßstäbe nach einer Antwort suchen auf die sehr komplexen Fragen unserer Zeit. Doch die wichtigsten Fragen nach Sinn und Ziel unseres Lebens, nach dem Woher und Wohin, nach Schuld und Vergebung, die haben sich nicht verändert. Auf diese Fragen gibt uns die Bibel eine tragfähige Antwort. Und auf dieser Basis können wir bauen und die Höhen und Tiefen unseres Lebens bewältigen.

Jesus verweist auf die Heilige Schrift als letzte Autorität über die Grundfragen unseres Lebens.

Der Schriftgelehrte ist etwas verdutzt über den Rollentausch. Nun muss er seine eigene Frage beantworten. Das passt ihm zwar nicht, aber er will sich vor den Leuten nicht blamieren. Er muss zeigen, dass er den Titel des Schriftgelehrten zu Recht trägt. "Du sollst den Herrn, deinen Gott, lieben mit ganzem Herzen, mit ganzer Seele, mit all deiner Kraft und all deinem Verstand, und deinen Nächsten wie dich selbst." Er zitiert diese Worte wie ein braver Schüler, der ein Gedicht aufsagt.

In diesem Doppelgebot der Liebe zu Gott und zum Nächsten sind alle zehn Gebote zusammengefasst. Unsere Beziehung zu Gott und zum Nächsten entscheidet also darüber, ob unser Leben hier gelingt und ob wir eine Hoffnung haben, die über den Tod hinausgeht.

Eine schlichte und geniale Antwort

Ich muss immer wieder staunen, wie schlicht und genial die Antworten sind, die Gott uns auf unsere Lebensfragen gibt. Ein bekannter Politiker hat einmal im Spott über die EU Bürokratie gesagt: "Die zehn Gebote enthalten 279 Wörter, die amerikanische Unabhängigkeitserklärung 300 Wörter, die EU-Verordnung über den Import von Karamellbonbons aber exakt 25911 Wörter."

Wir können stundenlang über Sinn und Ziel unseres Lebens und über das ewige Leben debattieren. Gott gibt einen einzigen Satz als Antwort, dieses Doppelgebot der Liebe. Dieser Satz ist so einfach, dass ein Kind ihn versteht und so tiefsinnig, dass wir unser ganzes Leben brauchen, um seine Bedeutung zu erfassen. Der Schriftgelehrte ist enttäuscht über den Ausgang des Gesprächs mit Jesus. Er wollte in einem Rededuell seine intellektuelle Überlegenheit zeigen. Jesus hat stattdessen ihm das Gewissen aufgewühlt. "Tue das, so wirst du leben." Du sollst nicht nur andere Menschen die Bibel lehren, sondern auch danach leben. Wenn du dieses Doppelgebot der Liebe in die Praxis umsetzt, dann wirst du darin Sinn und Ziel deines Lebens erkennen. Der Tod wird diesem Leben keinen Abbruch mehr tun, sondern dich Gott näher bringen.

Aber ganz so schnell will sich unser Held noch nicht geschlagen geben. Da fällt ihm noch eine Frage ein, die er ins Feld führt. "Wer ist denn mein Nächster? Wen meint Gott damit: meine Frau und Kinder, meine Verwandten, meine Volksgenossen, oder sogar die Fremden, die sich in unserem Land aufhalten? Wenn ich verpflichtet bin, all diese Menschen zu lieben und ihnen zu helfen, dann bin ich total überfordert." Wie sagt man doch: "Der Teufel steckt im Detail." Deshalb machen Menschen sich so viel Mühe, um die einfachen Antworten der Bibel zu erklären und damit gleichzeitig zu entkräften.

Ja, wer ist denn unser Nächster? Jesus erzählt eine Geschichte als Antwort. Meisterhaft, in wenigen Worten, malt er ein Bild vor den Augen der Zuhörer. Und in diesem Bild kann sich jeder an irgendeiner Stelle wieder erkennen. Fangen wir an mit dem Opfer des Raubüberfalls. Er wurde ausgeraubt, brutal zusammengeschlagen und verblutet nun hilflos am Straßenrand. Dieses Bild war damals eine Realität, denn viele Pilger wurden auf der Straße von Jerusalem nach Jericho überfallen. Sie war ein bevorzugtes Einsatzgebiet von Räuberbanden.

Können wir uns darin wieder finden? Wir leben in relativer Sicherheit und die Angst vor Überfällen ist nicht sehr real für uns. Aber das Gefühl der Ohnmacht und Hilflosigkeit kennen wir doch oft im Leben. Und das vergebliche Warten und Hoffen auf Hilfe auch.

Betrachten wir jetzt die beiden Menschen, die zuerst an dieser Stelle vorbeikommen. Sie sind Diener Gottes, aber sie drücken sich davor, dem armen Schlucker zu helfen. Wir sind zuerst empört über ihr Verhalten. Unterlassene Hilfeleistung ist nach dem Gesetz strafbar. Aber wie hätten wir uns an ihrer Stelle verhalten? Wenn mir heute

Morgen auf dem Weg zum Gottesdienst so ein Fall begegnet wäre, dann hätte ich auch gute Gründe gehabt, nicht zu helfen. Wenn ich mich um das Opfer eines Raubüberfalls oder eines Verkehrsunfalls hätte kümmern müssen, dann wäre der ganze Vormittag drauf gegangen. Und ihr würdet hier sitzen und euch wundern: "Wo steckt doch bloß der Kerl? Hat er vergessen, dass er hier predigen soll?"

Lasst mich noch ein anderes Beispiel anführen: Wir machen abends einen Schaufensterbummel auf der Königsstraße in Stuttgart. Da läuft ein Ausländer schnell an uns vorbei. Eine Gruppe von gewaltbereiten Skinheads jagt ihm nach. Würden wir es da wagen, ihm zur Hilfe zu eilen und riskieren, dass uns der Schädel eingeschlagen wird?

Wie gut kann ich diese beiden verstehen, den Priester und den Tempeldiener. Sie verhalten sich wie die meisten Menschen. Nun kommt aber ein Dritter vorbei, von dem der Verletzte, ein Jude, am wenigsten Hilfe erwarten kann. Er ist ein Samariter. Juden und Samariter waren Erzfeinde. Aber der Samariter macht keinen weiten Bogen um den Verletzten, sondern geht hin und schaut sich den Menschen an. Damit fängt doch Hilfsbereitschaft an, dass wir nicht weggucken, sondern genau hinschauen. Er sieht die blutenden Wunden und denkt: "Wenn dieser Mann noch ein paar Stunden hier liegen bleibt, dann geht er ein." Sein Herz ist bewegt von der Not. Im Text heißt es: "Er hatte Erbarmen." Er hat nicht lange über das Risiko für das eigene Leben nachgedacht, sondern beherzt zugegriffen und dem Mann das Leben gerettet.

Damit fängt doch Hilfsbereitschaft an, dass wir nicht weggucken, sondern genau hinschauen.

Jesus, der Barmherzige Samariter

Dieses Gleichnis hat eine Nuance, die wir oft übersehen. Darin steckt nämlich mehr als ein Appell an unsere Hilfsbereitschaft und unsere Nächstenliebe. Dieser namenlose Mensch, der hilflos am Straßenrand liegt, ist ein Sinnbild für alle Menschen schlechthin. Das Leben schlägt bei jedem Wunden, die nicht von selbst heilen. Jesus, der dieses Gleichnis erzählt, sagt uns: "Da ist einer, der Erbarmen mit dir hat, der sein Leben aufs Spiel gesetzt hat, um dich zu heilen und zu retten." Das ist Jesus selber. Seine erbarmende Liebe gilt allen Menschen, wir müssen sie nur im Glauben annehmen. Nun darfst du, als einer, der Gottes Liebe und Hilfe erfahren hat, deinen Nächsten lieben und ihm zur Seite stehen. Denn nur wer Liebe erfährt, der kann auch andere lieben.

Und wer ist der Nächste, den ich lieben, dem ich helfen soll? Das ist der, den mir Gott vor die Füße legt, wie in dieser Geschichte. Gott öffnet mir die Augen, dass ich hinsehe und sagt mir dann: "So wie ich dir geholfen habe, darfst du nun helfen."

Die Antwort auf die Frage nach dem Leben

Ich möchte kurz auf die Anfangsfrage in unserem Text zurückkehren: "Was muss ich tun, um das ewige Leben zu bekommen? Wie kann ich jetzt ein erfülltes Leben führen und die Gewissheit haben, nach meinem Tod bei Gott zu sein?" Jesus zeigt uns die Antwort im Wort Gottes: das Doppelgebot der Liebe. Und das ist viel mehr als nur bürgerlich anständig sein, das viele mit dem Christsein verwechseln: "Ich tue doch niemandem etwas Böses und achte die Gesetze, da muss doch Gott mit mir zufrieden sein."

Nein, damit gibt sich Gott nicht zufrieden. Er hat uns geschaffen und uns das Leben gegeben. Er liebt uns und hat uns in Jesus Christus von unserer Schuld erlöst und uns zu seinen Kindern gemacht. Es ist ihm ein Herzensanliegen, dass wir diese Liebe erwidern. Deshalb reicht es ihm nicht, dass wir ein anständiges Leben führen. Welche Frau oder welcher Mann wäre damit zufrieden, wenn der Ehepartner sagt: "Ich tue dir nichts Böses und achte die Regeln für unser Zusammenleben, aber lieben kann ich dich nicht."

Gott sucht unser Herz, unsere ganze Hingabe, wie in jeder echten Liebe. Und er wünscht sich, dass die Liebe zu ihm sich widerspiegelt in der Liebe zum Nächsten.

Tue das, so wirst du leben.

Bibeltext zur Predigt: 1. Kor. 13. 1-10; 13

Wenn ich die Sprachen aller Menschen spreche und sogar die Sprache der Engel, aber ich habe keine Liebe - dann bin ich doch nur ein dröhnender Gong oder eine lärmende Trommel. Wenn ich prophetische Eingebungen habe und alle himmlischen Geheimnisse weiß und alle Erkenntnis besitze, wenn ich einen so starken Glauben habe, dass ich Berge versetzen kann, aber ich habe keine Liebe - dann bin ich nichts. Und wenn ich all meinen Besitz verteile und den Tod in den Flammen auf mich nehme, aber ich habe keine Liebe - dann nützt es mir nichts.

Die Liebe ist geduldig und gütig. Die Liebe eifert nicht für den eigenen Standpunkt, sie prahlt nicht und spielt sich nicht auf. Die Liebe nimmt sich keine Freiheiten heraus, sie sucht nicht den eigenen Vorteil. Sie lässt sich nicht zum Zorn reizen und trägt das Böse nicht nach. Sie ist nicht schadenfroh, wenn anderen Unrecht geschieht, sondern freut sich mit, wenn jemand das Rechte tut. Die Liebe gibt nie jemand auf, in jeder Lage vertraut und hofft sie für andere; alles erträgt sie mit großer Geduld. Niemals wird die Liebe vergehen. Prophetische Eingebungen hören einmal auf, das Reden in Sprachen des Geistes verstummt, auch die Erkenntnis wird ein Ende nehmen. Denn unser Erkennen ist Stückwerk, und unser prophetisches Reden ist Stückwerk. Wenn sich die ganze Wahrheit enthüllen wird, ist es mit dem Stückwerk vorbei.
Auch wenn alles einmal aufhört – Glaube, Hoffnung und Liebe nicht. Diese drei werden immer bleiben; doch am höchsten steht die Liebe.

Ich suchte kürzlich einen Bibelvers für eine Hochzeits-Glückwunschkarte. Da fiel mir das hohe Lied der Liebe aus 1. Korinther 13 ein. Darin müsste ich etwas Passendes finden, dachte ich und fing an den Text zu lesen, ohne zunächst mir viele Gedanken über dessen Bedeutung zu machen. Aber nachdem ich mich für ein paar Minuten mit dem Inhalt befasst hatte, fühlte ich mich selbst in Frage gestellt: "Ohne Liebe bin ich nichts, ohne Liebe ist auch all mein Tun umsonst." Ich ließ den Tag vor meinen Augen Revue passieren und überlegte: "Wie viel habe ich heute aus Liebe getan? Wie war es in den Tagen davor?" Und da war ich mir gar nicht sicher, ob Liebe wirklich die Triebfeder für mein Handeln war. Ist es nicht so, dass unser Tagesablauf häufig durch Pflichten ausgefüllt ist, dass sehr viel Routine dabei ist, die wenig Raum für Begeisterung und Liebe offen lässt?

"Ohne Liebe bin ich nichts, ohne Liebe ist auch all mein Tun umsonst."

Ist dieses Urteil, das Paulus hier ausspricht nicht zu hart? Ich denke nicht. Man muss nicht einmal ein Christ sein, um die große Bedeutung der Liebe zu erkennen. Unsere Welt hungert nach Liebe. Sie hungert nach Frieden und Versöhnung, die eine Frucht der Liebe sind. Es gibt kaum ein Wort, das so viel besungen und verherrlicht wird und dennoch scheint diese Liebe wie eine Fata Morgana zu sein. Je mehr die Menschen sich danach sehnen und darüber sprechen, umso mehr rückt sie in die Ferne. Die Menschen unserer Zeit sind einsamer und selbstsüchtiger denn je zuvor.

Unsere Welt hungert nach Liebe. Sie hungert nach Frieden und Versöhnung.

In Japan hat man Roboter in Form von Tieren gebaut, die den alten und einsamen Menschen ein wenig Trost und Liebe bringen sollen. Die alten Menschen können sich mit diesen Robotern, die dank Computerchips einen Wortschatz von ca. dreitausend Wörtern beherrschen, unterhalten. Aber nicht nur unsere Alten leiden an Liebesmangel. Kinder erleiden seelische Schäden, weil ihre Eltern so beschäftigt und gestresst sind, dass sie weder Zeit noch Nerven für ihre Kinder haben. Sie speisen die Kinder stattdessen mit teuren Geschenken ab, die aber niemals die Liebe der Eltern ersetzen können.

Der Mensch ist von seinem Wesen her auf die Beziehung zu den anderen ausgerichtet, darum ist die Liebe so wichtig für unser Leben. Kein Wunder also, dass die Bibel, das Buch des Lebens, die Liebe zu einem zentralen Thema macht. Was Paulus hier über die Bedeutung der Liebe sagt, das durchzieht die ganze Bibel, wie ein roter Faden. Wir haben oft die Vorstellung, dass Gott die Einhaltung von Regeln und Geboten von uns fordert, damit er uns annimmt. Die Bibel zeigt uns aber, dass es Gott um unser Herz geht. Er ist ein persönlicher Gott, der eine Beziehung der Liebe zu uns, seinen Geschöpfen, wünscht: "Höre Israel, der Herr ist unser Gott, der Herr allein. Und du sollst den Herrn, deinen Gott, lieb haben von ganzem Herzen, von ganzer Seele und mit aller deiner Kraft." Für Jesus war dies das wichtigste Gebot. Er fügte dann hinzu: "und Deinen Nächsten wie Dich selbst."

Mit anderen Worten: Die Liebe zu Gott und zum Nächsten soll unser ganzes Wesen erfassen, unsere Gedanken, Gefühle und Taten bestimmen.

Können wir uns vorstellen, dass Gott sogar darunter leidet, wenn seine Liebe nicht erwidert wird? Er beschwert sich bei seinem Volk Israel durch den Propheten Hosea: "Eure Liebe ist wie eine Wolke am Morgen und wie der Tau, der frühmorgens vergeht." Vielleicht können Eltern dieses Gefühl am ehesten nachempfinden, wenn ihre Kinder in die Pubertät hineinkommen und die bisher so harmonische Beziehung sich ins Gegenteil verkehrt.

Wenn Gott uns in der Bibel seine Gedanken über die Liebe mitteilt, gibt es häufig Verständigungsprobleme. Dieser wichtige biblische Begriff ist bei uns mit anderen Inhalten schon besetzt. Für uns kann Liebe Zuneigung und Sympathie bedeuten, oder eine leidenschaftliche Gefühlskraft, die begehren und gleichzeitig sich hingeben kann. Das ist nichts Verwerfliches. Gott hat diese Kraft in uns hineingelegt. Paulus spricht aber von einer anderen Liebe hier, dafür gibt es im griechischen Urtext auch ein anderes Wort, Agape – die göttliche Liebe. Paulus hat ein neues Wort für diese einzigartige Liebe geprägt, um sie zu unterscheiden von dem, was man sich sonst unter Liebe vorstellt.

Um sein Anliegen zu verstehen, müssen wir den Hintergrund seiner Worte kennen. Er schreibt an Christen in der Stadt Korinth. Sie waren von Gott mit besonderen geistlichen Gaben beschenkt. Sie konnten Gott in tollen Gebeten und Liedern loben, sogar in ihnen unbekannten Sprachen. Sie hatten die Gabe der Prophetie und einen großen Glauben, der Berge versetzen konnte. Einige unter ihnen hatten die Gabe der Krankenheilung. Aber wie das so oft bei Menschen ist: Sie haben sich auf diese Gaben etwas eingebildet. Jeder wollte mehr gelten als die anderen, wollte seine Gaben und sich selber in den Vordergrund stellen.

Paulus sieht die Gemeinde in Gefahr durch diese Haltung. "Diese Gaben sind gut und wichtig für das Leben der Gemeinde und ihr sollt alle danach streben", sagt er, "aber ich will euch einen noch besseren Weg zeigen, den Weg der Liebe. Denn selbst, wenn ihr Menschen beeindrucken könnt mit euren Gaben, wenn ihr sogar einen Glauben hättet, der Berge versetzen kann und wenn ihr euch für andere aufopfert, ist das alles wertlos, wenn es nicht aus Liebe geschieht."

Diese Liebe ist geduldig und freundlich. Sie hat einen langen Atem, sie wendet sich nicht vom anderen ab, wenn er mich enttäuscht. Sie bleibt auch unter Druck und Belastung freundlich. Sie wird nicht durch Sympathie und Antipathie bestimmt. Die Liebe kennt keinen Neid. Sie freut sich mit den anderen, wenn sie Erfolg haben, wenn ihnen Gutes widerfährt. Sie kennt keine Selbstsucht, sie prahlt nicht und ist nicht überheblich. Mit anderen Worten, die Liebe stellt sich nicht selber in den Vordergrund, sie schaut nicht auf den anderen herab, weil er vielleicht weniger begabt ist oder weniger besitzt.

Die Liebe ist nicht verletzend: Lieblose Worte sind manchmal schärfer als ein Schwert. Sie verletzen und zerstören Freundschaften und Ehen. Die Liebe hält uns davon ab, den anderen zu verletzen. Sie will heilen, verbinden und versöhnen. Die Liebe lässt sich nicht zum Zorn reizen und ist nicht nachtragend. Gestresste Menschen, und das sind die meisten von uns, sind leicht reizbar. Sie können ohne sichtbaren Grund aggressiv werden. Die Liebe hilft uns, diese Aggressionen nicht an anderen Menschen auszulassen. Die Liebe trägt auch Dinge nicht nach. Wir tragen oft schwere Pakete von vermeintlichem Unrecht, das andere an uns begangen haben. Wir haben diese Pakete immer im Rucksack parat und bei passender Gelegenheit packen wir sie aus und halten sie dem anderen unter die Nase. Unrecht vergessen und nicht nachtragen, das gelingt nicht so leicht.

Die Liebe kennt keinen Neid. Sie freut sich mit den anderen, wenn sie Erfolg haben.

Die Liebe freut sich nicht am Unrecht, sondern freut sich, wenn die Wahrheit siegt. Liebe macht uns sehr sensibel für das Unrecht und motiviert uns, für das Recht der Schwachen, die sich selber nicht schützen können, einzutreten.

Im letzten Satz setzt Paulus noch eins drauf: "Die Liebe erträgt alles, sie glaubt alles, sie hofft alles und hält allem Stand." Das ist eine schier übermenschliche Forderung, die uns erst mal erschlagen kann, wenn wir sie lesen. So schwer haben wir uns das mit der Liebe nicht vorgestellt. Paulus setzt die Messlatte sehr hoch und das kann leicht entmutigen: "Das klingt alles sehr toll, aber es ist eine Utopie. Kein Mensch schafft es, in dieser vollkommenen und selbstlosen Liebe zu leben." Es ist nicht falsch, wenn wir uns ehrlich eingestehen, dass wir diese Liebe nicht produzieren können. Wir können zwar lieben, die einen etwas mehr, die anderen etwas weniger, aber uns allen geht irgendwann die Kraft aus, so selbstlos zu lieben. Wir sind dann wie ein leerer Akku. Die Anzeige blinkt und erinnert uns daran, es ist höchste Zeit den Akku wieder aufzuladen.

Die Frage ist nur: "An welcher Steckdose können wir unsere leeren Akkus wieder aufladen? Woher bekommen wir die Kraft zu lieben, auch im Umgang mit schwierigen Menschen oder mit Menschen, die uns verletzt haben? Wir brauchen jemand, der uns liebt und zu uns steht auch in unserer Schwachheit, bei dem wir unsere Enttäuschungen abladen können, der uns die eigene Schuld vergibt und hilft, zu vergeben. Diese Person kann nur Gott selber sein. Sein Wesen ist durch und durch Liebe und er hat genug davon, um unsere leeren Akkus wieder aufzufüllen. So müssen wir immer wieder zu ihm gehen und seine Gegenwart suchen im Gebet, in der Stille, beim Lesen von Bibelworten, oder draußen in der schönen Natur.

Gott verwandelt unseren Mangel in überfließende Fülle. Er sättigt unseren Hunger nach Liebe und gibt uns genug, dass wir weitergeben können, wie Paulus in seinem Brief an die Christen in Rom schreibt: "Unsere Hoffnung wird nicht enttäuscht, denn die Liebe Gottes ist ausgegossen in unser Herz durch den Heiligen Geist."

"Ohne Liebe bin ich nichts, ohne Liebe ist auch all mein Tun umsonst." Ich möchte mich durch diese Worte von Paulus an das Wesentliche, auf das es im Leben wirklich ankommt, immer wieder erinnern lassen.

Bibeltext zur Predigt: Matthäus 15, 21-28

Und Jesus ging weg von dort und zog sich zurück in die Gegend von Tyrus und Sidon. Und siehe, eine kanaanäische Frau kam aus diesem Gebiet und schrie: Ach Herr, du Sohn Davids, erbarme dich meiner! Meine Tochter wird von einem bösen Geist übel geplagt. Und er antwortete ihr kein Wort. Da traten seine Jünger zu ihm, baten ihn und sprachen: Lass sie doch gehen, denn sie schreit uns nach. Er antwortete aber und sprach: Ich bin nur gesandt zu den verlorenen Schafen des Hauses Israel. Sie aber kam und fiel vor ihm nieder und sprach: Herr, hilf mir! Aber er antwortete und sprach: Es ist nicht recht, dass man den Kindern ihr Brot nehme und werfe es vor die Hunde. Sie sprach: Ja, Herr; aber doch fressen die Hunde von den Brosamen, die vom Tisch ihrer Herren fallen. Da antwortete Jesus und sprach zu ihr: Frau, dein Glaube ist groß. Dir geschehe, wie du willst! Und ihre Tochter wurde gesund zu derselben Stunde.

Diese Geschichte ist den meisten von uns vertraut. Wir haben sie schon mehrmals gelesen, vielleicht auch die eine oder andere Predigt darüber gehört. Trotzdem bleibt sie uns ziemlich fremd, weil Jesus hier in einer Weise auftritt, die uns sonst in den Evangelien nicht begegnet. So hat er sich keinem anderen Menschen gegenüber verhalten, der ihn um Hilfe bat.

Da kommt diese arme Frau in großer Not zu ihm und bittet um Heilung für ihre kranke Tochter. Jesus aber ignoriert sie völlig. Er zeigt zunächst weder Mitgefühl noch eine Bereitschaft, ihr zu helfen. Als die Jünger ihn bitten, doch etwas zu tun, weil die Frau nicht locker lässt, sagt er ihnen: "Ich bin nicht für diese Frau zuständig. Ich bin nur zu den verlorenen Menschen in meinem Volk, Israel, gesandt." Und schließlich bekommt die Frau noch Worte von ihm zu hören, die sie tief kränken müssten: "Es ist nicht recht, dass man den Kindern ihr Brot nehme und werfe es vor die Hunde." Dieser Bibeltext aus dem Matthäus Evangelium stellt das Bild, das wir von Jesus haben, ganz schön in Frage. Jesus begegnet uns hier nicht als der sanftmütige Heiland, der die Mühseligen und Beladenen zu sich ruft, um ihnen ihre Lasten abzunehmen. Ganz im Gegenteil.

Man kann die Geschichte natürlich auch von ihrem Ende her sehen und sagen: Jesus hat doch noch geholfen und die Bitte der Frau um Heilung ihrer Tochter erhört. Aber dieser positive Ausgang macht das andere nicht ungeschehen. Er kann uns nicht mit dem versöhnen, wie Jesus vorher mit der Frau umgegangen ist. Als Christen, die an Jesus glauben, sind wir hier in einem Zwiespalt. Auf der einen Seite sind wir überzeugt: Jesus macht keine Fehler. Wir möchten ihn in Schutz nehmen und sein abweisendes Verhalten der Frau gegenüber rechtfertigen. Andererseits ist es sehr schwer, eine einleuchtende Erklärung dafür zu finden, warum Jesus sich so verhält.

Vielleicht tauchen bei einigen von uns Erinnerungen auf an ähnliche Erfahrungen. Jeder kann Beispiele aus seinem Leben erzählen, wo er auch eine große Not im Gebet zu Jesus brachte und keine Antwort bekam. Aber wir sprechen nicht gerne über solche Erfahrungen, um andere Christen nicht vor den Kopf zu stoßen. Vielleicht wollen wir auch uns selber vor Zweifeln und Enttäuschung schützen. Und doch sind diese Fragen da, selbst, wenn wir versuchen, sie zu verdrängen: "Warum schweigt Gott manchmal zu unseren Bitten? Warum handelt er in einer Art, die seinem Wesen und seinen Verheißungen zu widersprechen scheint?" Die Bibel kehrt diese Fragen nicht unter den Teppich. Sie erzählt uns oft von Menschen, die mit Gott hadern und ihn anklagen, weil sie ihn nicht mehr verstehen. Das erstaunliche an der Frau in unserer Geschichte ist, dass sie trotz der schlechten Behandlung, die sie am Anfang erfährt, weder klagt noch mit Jesus hadert. Betrachten wir nun den Text etwas näher und hören, was er uns heute zu sagen hat.

Matthäus erzählt uns am Anfang, dass Jesus aus Galiläa in das Gebiet von Tyrus und Sidon hinüber ging. Diese beiden Städte liegen heute im Süden Libanons. Stacheldraht und Minenfelder versperren den Weg für Menschen, die von der einen zur anderen Seite überwechseln wollen. Damals gehörten diese zwei Städte, genau wie Israel, zum römischen Reich. Händler und Reisende konnten problemlos von Israel in die Städte Tyrus und Sidon gelangen. Der Besuch von Jesus in der Gegend von Sidon und Tyrus war übrigens, neben einem kurzen Aufenthalt im Ostjordanland, seine einzige Reise außerhalb der Grenzen Israels. Meine Landsleute im Libanon sehen das als eine besondere Ehre an und sind stolz darüber.

Was war der Grund für diesen Besuch? Jesus hatte nicht die Absicht, seinen Verkündigungs- und Heilungsdienst auf neue Gebiete auszuweiten. Er suchte vielmehr Ruhe nach einer anstrengenden Zeit in seiner Heimat, Galiläa. Er hatte dort gelehrt und Kranke geheilt. Das führte, wie schon so oft, zu einem heftigen Streit mit den Pharisäern. Nun wollte er für einige Tage allein sein mit den Jüngern. Das erzählt uns der

Evangelist Markus in seinem Bericht über dieses Ereignis: "Und er stand auf und ging von dort in das Gebiet von Tyrus. Und er ging in ein Haus und wollte es niemand wissen lassen." An solchen Geschichten wird uns bewusst, dass Jesus nicht nur Gottes Sohn war, sondern auch ganz und gar Mensch. Dass gerade die frommen Pharisäer ihm mit Ablehnung und Feindschaft begegneten, obwohl er den Menschen Gottes Liebe in Wort und Tat brachte, das machte ihm zu schaffen. Diese ständigen Auseinandersetzungen sind nicht spurlos an Jesus vorüber gegangen. Und so suchte er hin und wieder Gelegenheiten, um Ruhe und Erholung zu finden.

An solchen Geschichten wird uns bewusst, dass Jesus nicht nur Gottes Sohn war, sondern auch ganz und gar Mensch.

Doch der Wunsch nach Ruhe ging diesmal nicht in Erfüllung. Der Ruf von Jesus als ein Prophet, der große Heilungswunder tut, war ihm über die Grenze vorausgeeilt. Auch die Menschen in Tyrus und Sidon wussten das. Irgendwie hat die Frau mit der kranken Tochter erfahren, dass Jesus sich in ihrer Nähe aufhält und sie machte sich auf, um ihn zu finden. Die Hoffnung auf die Heilung ihrer Tochter war ihr jede Mühe wert. Als sie Jesus erblickte schrie sie ihre Not heraus: "Ach Herr, du Sohn Davids, erbarme dich meiner! Meine Tochter wird von einem bösen Geist übel geplagt."

Die Anrede "Herr, du Sohn Davids" zeigt die große Achtung, die diese Frau vor ihm hat. Sohn Davids, das war der Titel für den Messias, den erwarteten König und Retter Israels. Jesus gab ihr aber keine Antwort. Das ist die erste Zurückweisung, die sie erfährt. Warum beachtet Jesus diese Frau nicht? Es gibt eine einfache Erklärung dafür: Er war müde und wollte deshalb nicht schon wieder von schreienden und hilfesuchenden Menschen umringt sein, sondern nur seine Ruhe haben. Sind wir bereit, diese menschliche Seite von Jesus zu sehen und ernst zu nehmen? Dann können wir sein Schweigen verstehen. Dann können wir uns selber auch Zeiten der Ruhe und der Entspannung gönnen, ohne ein schlechtes Gewissen zu haben.

Es gibt natürlich auch andere Erklärungen für das Schweigen von Jesus. Etwa, dass er den Glauben der Frau auf die Probe stellen wollte. Ich frage mich nur, warum hat Jesus dann nicht andere Menschen, die zu ihm kamen, auf die gleiche Weise geprüft, bevor er ihnen eine Antwort gab? Die Frau scheint sich nicht daran zu stören, dass Jesus sie nicht beachtet. Sie schreit umso lauter. Die Jünger sind genervt: "Jesus, nun tu doch endlich etwas für diese Frau oder schick sie weg! Dieses Spektakel wird uns langsam peinlich." Jesus antwortet darauf: "Ich bin nur gesandt zu den verlorenen Schafen des Hauses Israel."

Jesus hatte von seinem himmlischen Vater einen klaren Auftrag bekommen und daran wollte er sich halten. Seine Mission galt dem Volk Israel. Die Ausbreitung des Evangeliums über die Grenze Israels hinaus war nicht seine Aufgabe, sondern die der Apostel nach seiner Auferstehung. Wir mögen uns darüber ärgern, dass das Volk Israel hier offensichtlich bevorzugt wird. Aber es ist nun mal das Volk der Verheißung, dem die Botschaft des Heils zuerst verkündigt werden musste. Bei Gott gibt es trotzdem keine Menschen erster und zweiter Klasse. Sein Heil gilt allen Menschen, aus allen Völkern. Aber Gott hat einen Zeitplan und daran hält sich Jesus. Selbst wenn es in unseren Augen sehr ungerecht erscheint.

Die kanaanäische Frau erfährt nun also die zweite Zurückweisung. Das Wort von Jesus an die Jünger: "Ich bin nur gesandt zu den verlorenen Schafen des Hauses Israel", scheint die Tür vor ihrer Nase endgültig zuzuschlagen. Aber sie gibt auch dann die Hoffnung nicht auf. Sie fällt vor Jesus auf die Knie und spricht: "Herr, hilf mir!" Die Frau lässt sich nicht so schnell entmutigen und sie bleibt beharrlich bei der Bitte für ihre Tochter. Wie wird Jesus nun darauf reagieren? Lässt er sein Herz erweichen und heilt die Tochter dieser armen Frau, die vor ihm niederkniet? Er könnte es, aber er tut es nicht. Stattdessen gibt er ihr eine fast beleidigende Antwort: "Es ist nicht recht, dass man den Kindern ihr Brot nehme und werfe es vor die Hunde."

Ich habe diese Geschichte schon oft gelesen und muss gestehen, dass ich bis heute nicht verstehe, warum Jesus so mit der Frau redet. Manche Ausleger sagen: Das Wort, das hier für Hund steht, meint eigentlich einen Schoßhund, der zum Haushalt gehörte wie die Kinder und unter dem Tisch saß, um die Krümel, die vom Tisch runterfielen aufzufangen. Aus meiner Kenntnis der orientalischen Kultur weiß ich jedoch, dass es dort nicht üblich ist, Hunde in der Wohnung zu halten.

Man könnte ganz sachlich argumentieren und sagen: Jesus meint hier nichts anderes, als was er zuvor schon gesagt hat, nämlich, dass er nur zum Volk Israel gesandt ist und sich ganz auf diese Aufgabe konzentrieren muss. Dennoch bleibt diese Antwort von Jesus für mich ein Rätsel. Warum wählt er solche harten Worte? Hätte er nicht dasselbe etwas freundlicher formulieren können? Umso mehr bewundere ich den Mut und die Schlagfertigkeit der Frau, die ihm zur Antwort gibt: "Ja, Herr; aber doch fressen die Hunde von den Brosamen, die vom Tisch ihrer Herren fallen."

Diese heidnische Frau lässt sich weder erbittern, noch gibt sie die Hoffnung auf. Die Liebe zu ihrer kranken Tochter lässt sie alle Hürden überwinden. "Liebe lässt sich nicht erbittern", schreibt Paulus in seinem berühmten hohen Lied der Liebe in 1. Korinther 13. "Sie erträgt alles, sie glaubt alles, sie hofft alles." Das Verhalten der kanaanäischen Frau in dieser Geschichte ist ein lebendiges Beispiel dafür. Aus dieser Liebe erwächst ihr die Kraft zu ertragen, zu hoffen und zu glauben. Und Jesus ist am Ende von ihrem Glauben tief beeindruckt. Er ruft aus: "Frau, dein Glaube ist groß." Endlich hört sie ein Wort der Anerkennung, aber es war ein langer und schwerer Weg bis dahin. Und sie bekommt das, worum sie bittet: "Dir geschehe, wie du willst!" Ihre Tochter wurde gesund zu derselben Stunde.

Diese heidnische Frau lässt sich weder erbittern, noch gibt sie die Hoffnung auf. Die Liebe zu ihrer Tochter lässt sie alle Hürden überwinden.

Für mich wirft diese Geschichte einige grundlegende Fragen des Glaubens auf: Müssen wir Gott so lange in den Ohren liegen mit unseren Bitten, bis er endlich antwortet? Prüft er damit unseren Glauben? Können wir Gott durch unsere Gebete gar beeinflussen? Es gibt Bibelstellen, die das zu bestätigen scheinen. Etwa das Gleichnis der bittenden Witwe aus Lukas 18:

Er sagte ihnen aber ein Gleichnis darüber, dass sie allezeit beten und nicht nachlassen sollten, und sprach: Es war ein Richter in einer Stadt, der fürchtete sich nicht vor Gott und scheute sich vor keinem Menschen. Es war aber eine Witwe in derselben Stadt, die kam zu ihm und sprach: Schaffe mir Recht gegen meinen Widersacher! Und er wollte lange nicht. Danach aber dachte er bei sich selbst: Wenn ich mich schon vor Gott nicht fürchte noch vor keinem Menschen scheue, will ich doch dieser Witwe, weil sie mir so viel Mühe macht, Recht schaffen, damit sie nicht zuletzt komme und mir ins Gesicht schlage. Da sprach der Herr: Hört, was der ungerechte Richter sagt! Sollte Gott nicht auch Recht schaffen seinen Auserwählten, die zu ihm Tag und Nacht rufen, und sollte er's bei ihnen lange hinziehen? Ich sage euch: Er wird ihnen Recht schaffen in Kürze. Doch wenn der Menschensohn kommen wird, meinst du, er werde Glauben finden auf Erden?

Genau wie die kanaanäische Frau erreicht die Witwe ihr Ziel, weil sie nicht aufgibt und dem Richter keine Ruhe lässt. Jesus ermutigt seine Jünger hier zu einem Glauben, der viel von Gott erwartet und sich nicht scheut, ihm in den Ohren zu liegen, bis er antwortet. Andere Bibelstellen sagen fast das Gegenteil aus: "Und wenn ihr betet, sollt ihr nicht plappern wie die Heiden; denn sie meinen, sie werden erhört, wenn sie viele Worte machen. Darum sollt ihr ihnen nicht gleichen. Denn euer Vater weiß, was ihr bedürft, bevor ihr ihn bittet."

Unsere Logik kommt da nicht mit. Was gilt nun? Sollen wir unablässig beten und Gott bedrängen, bis er unsere Bitte erhört? Oder sollen wir vertrauen, dass wir einen Vater im Himmel haben, der unsere Bedürfnisse kennt und uns das gibt, was wir brauchen, eher wir ihn darum bitten?

Zum Beten gehören beide Haltungen. Es gibt Zeiten, in denen wir im Gebet uns einfach bei Gott ausruhen dürfen. In denen wir ohne große Worte zu machen darauf vertrauen, dass er unsere Anliegen kennt, bevor wir sie ihm sagen. Dann gibt es wieder andere Zeiten in denen uns ein Anliegen unter den Nägeln brennt und wir Gott keine Ruhe lassen, bis er uns eine Antwort gibt.

Ich finde es gut, dass die Bibel unsere manchmal gegensätzlichen Erfahrungen im Glauben gleichberechtigt nebeneinander stehen lässt, weil dies mehr der Realität entspricht. Sie versucht, die Spannung weder zur einen noch zur anderen Seite aufzulösen. Das Gebet ist eine Begegnung zwischen einem Menschen und dem lebendigen Gott. Und bei jeder Begegnung zwischen zwei Personen kann es Überraschungen geben. Jede Begegnung hat ihre eigene Dynamik. Man kann nicht voraussagen, was am Ende dabei herauskommt. Das macht unser Leben mit Gott spannend und interessant. Und so ermutigt uns diese Geschichte von der kanaanäischen Frau uns auf die Begegnung mit Gott einzulassen, ihn in unsere Lebensfragen und Nöte mit einzubeziehen. Sie gibt uns aber keine Zusicherung, dass Gott am Ende immer das tut, was wir von ihm erbitten.

Einen letzten Gedanken möchte ich euch noch mit auf den Weg geben: Die Liebe der kanaanäischen Frau zu ihrer kranken Tochter hat ihr geholfen, die anfängliche Enttäuschung zu überwinden und dran zu bleiben. Haben auch wir eine so große Liebe zu den Menschen, für die wir vor Gott in der Fürbitte stehen, oder erlahmt unsere Hoffnung, wenn er uns nicht sofort erhört?

Gaben nicht vergraben: Das Gleichnis von den anvertrauten Pfunden

Bibeltext zur Predigt: Math. 25, 13-30

Darum seid wachsam, denn ihr wisst weder Tag noch Stunde im Voraus! Es ist wie bei einem Mann, der verreisen wollte. Er rief vorher seine Diener zusammen und vertraute ihnen sein Vermögen an. Dem einen gab er fünf Zentner Silbergeld, dem anderen zwei Zentner und dem dritten einen, je nach ihren Fähigkeiten. Dann reiste er ab. Der erste, der die fünf Zentner bekommen hatte, steckte sofort das ganze Geld in Geschäfte und konnte die Summe verdoppeln. Ebenso machte es der zweite: Zu seinen zwei Zentnern gewann er noch zwei hinzu. Der aber, der nur einen Zentner bekommen hatte, vergrub das Geld seines Herrn in der Erde. Nach langer Zeit kam der Herr zurück und wollte mit seinen Dienern abrechnen. Der erste, der die fünf Zentner erhalten hatte, trat vor und sagte: "Du hast mir fünf Zentner anvertraut, Herr, und ich habe noch weitere fünf dazuverdient; hier sind sie!" "Sehr gut", sagte sein Herr, "du bist ein tüchtiger und treuer Diener. Du hast dich in kleinen Dingen als zuverlässig erwiesen, darum werde ich dir auch Größeres anvertrauen. Komm zum Freudenfest deines Herrn!" Dann kam der mit den zwei Zentnern und sagte: "Du hast mir zwei Zentner gegeben, Herr, und ich habe noch einmal zwei Zentner dazuverdient." "Sehr gut", sagte der Herr, "du bist ein tüchtiger und treuer Diener. Du hast dich in kleinen Dingen als zuverlässig erwiesen, darum werde ich dir auch Größeres anvertrauen. Komm zum Freudenfest deines Herrn!" Zuletzt kam der mit dem einen Zentner und sagte: "Herr, ich wusste, dass du ein harter Mann bist. Du erntest, wo du nicht gesät hast, und sammelst ein, wo du nichts ausgeteilt hast. Deshalb hatte ich Angst und habe dein Geld vergraben. Hier hast du zurück, was dir gehört." Da sagte der Herr zu ihm: "Du unzuverlässiger und fauler Diener! Du wusstest also, dass ich ernte, wo ich nicht gesät habe, und sammle, wo ich nichts ausgeteilt habe? Dann hättest du mein Geld wenigstens auf die Bank bringen sollen, und ich hätte es mit Zinsen zurückbekommen! Nehmt ihm sein Teil weg und gebt es dem, der die zehn Zentner hat! Denn wer viel hat, soll noch mehr bekommen, bis er mehr als genug hat. Wer aber wenig hat, dem wird auch noch das Letzte weggenommen werden. Und diesen Taugenichts werft hinaus in die Dunkelheit draußen! Dort gibt es nur noch Jammern und Zähneknirschen."

"Denn wer viel hat, soll noch mehr bekommen, bis er mehr als genug hat. Wer aber wenig hat, dem wird auch noch das Letzte weggenommen werden." Das klingt nicht gerade sozial, was Jesus hier von sich gibt. Tritt er etwa für das Prinzip der "Umverteilung von unten nach oben" ein? Nun, bei diesem Text handelt es sich um ein Gleichnis, das nichts mit Wirtschafts- oder Sozialpolitik zu tun hat. Um es recht zu verstehen, müssen wir den Hintergrund kennen.

Jesus hält sich zum letzten Mal in Jerusalem auf. Nur wenige Tage trennen ihn von seinem Tod am Kreuz. Es sind aufregende und nervenaufreibende Tage. Die Pharisäer und die Hohenpriester sind ständig auf der Lauer. Sie wollen Jesus vor Gericht stellen und verwickeln ihn in Streitgespräche, um Anklagepunkte gegen ihn zu sammeln. Noch schlimmer ist das Unverständnis der Jünger. Sie sind überzeugt: Jesus wird jetzt das Reich Gottes aufrichten. Sie träumen von einer neuen Welt, in der es kein Leid und keine Tränen mehr gibt. Sie träumen auch davon, als Minister an seiner Seite zu stehen und streiten sich sogar darüber, wer die wichtigsten Posten bekommen wird. Sie halten hartnäckig an diesen Träumen fest, obwohl Jesus ihnen klar gesagt hatte, dass ihm etwas ganz anderes in Jerusalem erwartet: eine Dornenkrone statt der Königskrone, Hohn und Spott statt der Königswürde und schließlich der schmähliche Tod am Kreuz. Doch das haben sie alles verdrängt und sind immer noch der Meinung, Jesus würde bald die Römer und Herodes aus Jerusalem verjagen und das Reich Gottes aufrichten. Der triumphale Einzug von Jesus in Jerusalem schien ihre Wunschträume zu bestätigen. Die Volksmassen jubelten ihm zu. Jetzt müsste Jesus nur noch die Gunst der Stunde nutzen und die Macht ergreifen.

Was macht Jesus, um die Jünger aus ihren Träumereien herauszuholen und sie auf den Boden der Tatsachen zu stellen? Er erzählt ihnen einige Gleichnisse, die e i n e zentrale Aussage haben: Das Reich Gottes wird noch eine Weile auf sich warten lassen und es wird zu einem Zeitpunkt kommen, an dem keiner damit rechnet. Alle werden überrascht sein – die Gläubigen, die darauf warten, und die Spötter, die das alles für ein Märchen halten. Aber was sollen die Jünger in der Zwischenzeit tun? Was ist ihre Aufgabe bis zu dem Zeitpunkt, an dem der Herr wieder kommen wird? Däumchen drehen und warten, nach dem Motto: "Unser Herr wird es schon richten, was können wir kleinen Leute schon tun?" Nein, Jesus stellt seine Jünger an die Ar-

> Jesus stellt seine Jünger an die Arbeit und gibt ihnen klare Aufgaben. Er vertraut ihnen Gaben an und sagt: "Handelt, bis ich wieder komme!"

beit und gibt ihnen klare Aufgaben. Er vertraut ihnen Gaben an und sagt: "Handelt, bis ich wieder komme!"

Der Mann im Gleichnis bestellt seine Diener und gibt ihnen sein ganzes Vermögen. Bleiben wir doch kurz bei diesem Satz stehen: "Er übergab ihnen sein Vermögen". Das bedeutet einen riesengroßen Vertrauensvorschuss, weil er damit das Risiko eingeht, dass sie das Vermögen veruntreuen oder bei riskanten Geschäften in den Sand setzen.

Aber die Geschichte hat einen kleinen Haken: Die Diener bekommen nicht alle die gleichen Anteile. Der Erste bekommt fünf Zentner Silbergeld, der Zweite zwei und der Dritte nur einen. Sind dadurch nicht Neid und Ärger vorprogrammiert, vor allem bei dem, der nur einen Zentner bekommt? Führt das nicht dazu, wie so oft im Leben, dass einige überheblich werden und die anderen sich benachteiligt fühlen? Der Kern des Problems liegt eher bei uns und nicht bei Gott. Wenn wir uns ständig mit anderen vergleichen, dann werden wir immer einen Grund finden, unzufrieden zu sein. Entscheidend ist doch, dass wir die Gaben, die Gott uns schenkt, einsetzen und nicht auf andere schielen, um zu sehen, ob sie mehr als wir bekommen haben. Wenn Gott die Gaben unterschiedlich verteilt, dann ist das kein Werturteil über die Menschen, die sie empfangen.

Die beiden ersten Diener gehen gleich los und fangen an zu arbeiten. Jeder von ihnen verdoppelt das Anfangskapital. Was können wir zwischen den Zeilen in diesem Gleichnis über diese beiden erfahren? Nun, sie haben sicherlich ein gesundes Maß an Selbstvertrauen und sind bereit, etwas zu leisten. Man beklagt heute gerade diese mangelnde Bereitschaft zur Leistung bei vielen Menschen in Deutschland. Nicht umsonst bezeichnet man die Deutschen als die Freizeitweltmeister. Leider war man sich nicht im Klaren darüber, dass man diesen Luxus nur durch Pump finanziert. Es entstand der Eindruck, man könne immer so weiter machen, und nun kommt das böse Aufwachen. Der Sozialstaat ist überfordert und die eigene Bereitschaft, etwas zu leisten, ist jetzt wieder gefragt. Es ist interessant, dass Leistung in der Bibel niemals negativ bewertet, sondern belohnt wird, solange man sie nicht als Eintrittskarte in den Himmel versteht.

Die beiden Diener im Gleichnis hatten auch Mut zum Risiko. Jeder, der Handel treibt, weiß, dass er verlieren kann. Im schlimmsten Fall, kann er sogar sein ganzes Kapital in den Sand setzen. Mut zum Risiko gehört zum Geschäftsleben. Diese beiden Diener haben offensichtlich keine Angst. Sie kennen ihren Chef gut und wissen, er wird sie nicht um einen Kopf kürzer machen wird, wenn sie etwas verlieren. Deshalb gehen sie mit Freude an die Arbeit. Sie nehmen die Herausforderung an und werden durch ihren Erfolg bestätigt. Sie haben aus den anvertrauten Gaben etwas gemacht und das ist doch eine tolle Erfahrung.

Der dritte Diener meint, seinen Chef auch gut zu kennen. Aber er hat eine ganz andere Vorstellung von ihm. Er fürchtet ihn. Deshalb geht er hin, vergräbt seinen Anteil vom Vermögen und wartet einfach ab, bis sein Chef wieder kommt: "Er kann mir doch nicht böse sein, wenn ich ihm sein Geld bis auf den letzten Cent wieder gebe. Da bin ich in jedem Fall auf der sicheren Seite." Er scheut sich davor, Verantwortung zu übernehmen und will kein Risiko eingehen. Experten sagen uns, dass diese Scheu vor der Verantwortung und der Mangel an Risikobereitschaft zurzeit die größten Schwächen in den Führungsetagen der deutschen Wirtschaft sind. Bloß nichts falsch machen, heißt die Devise. Wenn es um wichtige Entscheidungen geht, dann beruft man einen Ausschuss und holt sich Berater von außerhalb. Sollte nachher etwas schief laufen, dann tragen die Berater oder die Ausschussmitglieder die Schuld und nicht die Manager, die sie bestellt haben.

Diese Angst, etwas falsch zu machen, ist verständlich, aber sie lähmt. Nicht nur in der Wirtschaft, sondern auch in der Gemeinde. Und sie zahlt sich nicht aus. Als der dritte Diener nach der Rückkehr seines Herrn abrechnen soll, gibt er ihm das Geld zurück, das er erhalten hatte und dann legt er gleich los. Er muss sich ja irgendwie rechtfertigen, nachdem er gesehen hat, dass seine Kollegen das ihnen anvertraute Geld verdoppelt haben. "Ich wusste, dass du ein harter Mann bist: Du erntest, wo du nicht gesät hast und sammelst ein, wo du nicht ausgeteilt hast. Ich hatte Angst vor dir und deshalb habe ich das Geld vergraben".

> Diese Angst, etwas falsch zu machen, ist verständlich aber sie lähmt und sie zahlt sich nicht aus.

Die Tragik an dieser Geschichte ist, dass der Diener seinen Herrn falsch eingeschätzt hat. Das treffen wir im Leben oft an, dass Menschen ein völlig verkehrtes Bild von Gott haben. Sie meinen, ihn zu kennen, wenn sie die Welt aus der Distanz beobachten. Sie sehen viel Leid und Unrecht, sie sehen Kriege und Hungersnöte und sagen sich: "Ein Gott, der so etwas zulässt, kann kein liebender Gott sein. Er erwartet von mir Glauben und Treue, aber er hat nichts getan, damit dieser Glaube wachsen kann. Warum soll ich mir ein Bein ausreißen für ihn?"

Das Problem bei diesem Diener ist also nicht, dass er weniger Kapital bekommt als seine Kollegen. Es ist vielmehr die gestörte Beziehung zu seinem Chef. Er fürchtet sich und ist voller Misstrauen. Erkennen wir in diesem Diener manchmal uns selbst wieder? Auf den ersten Blick würden wir das weit weg von uns weisen. "Nein, so denke ich niemals von Gott, schließlich bin ich ein Christ." Ich frage mich dann: Warum gibt es trotzdem so viele Christen, die ihre Gaben vergraben und nicht mit Freude und Mut an die Aufgaben herangehen, die Gott ihnen gestellt hat? Es kann viele Gründe dafür geben: Eine gestörte Beziehung zu Gott, die dazu führt, dass er uns gleichgültig wird. Oder negative Erfahrungen, die uns veranlassen, vorsichtig zu sein und kein Risiko mehr einzugehen. Vielleicht fühlen wir uns benachteiligt, wenn wir uns mit anderen vergleichen und hadern mit Gott. Was auch immer die Gründe sein mögen, sie werden von Gott leider nicht als Rechtfertigung angenommen. Das ist die ernste Seite dieser Geschichte.

Will Jesus uns Angst machen, wenn er das Schicksal dieses Mannes am Ende vom Gleichnis so drastisch schildert? Ich denke nicht. Angst ist eine schlechte Motivation für die Mitarbeit bei Gott. Jesus malt uns hier ein Bild von Gott vor Augen, der uns mit Gaben reich beschenkt und sich freut, wenn wir Erfolg haben, und der uns für unseren Einsatz großzügig belohnt. Ich weiß, dass der Gedanke einer Belohnung für evangelische Christen suspekt ist. Lautet doch der Grundsatz der Reformation: "Es ist alles nur reine Gnade, ein unverdientes Geschenk." Aber diese Belohnung ist ja auch ein Geschenk. Die beiden tüchtigen Diener in diesem Gleichnis haben nicht mit ihrem Herrn über einen Lohn verhandelt. Als er von der Reise heimkehrt, geben sie ihm alles wieder zurück, auch das Geld, das sie hinzu verdient haben. Sie wollen nichts davon für sich behalten. Sie fordern auch weder Ehre noch Anerkennung. Aber ihr Herr würdigt ihren Einsatz und gibt ihnen mehr als sie erhoffen und erwarten: "Du bist ein tüchtiger und treuer Diener. Du hast dich in kleinen Dingen als zuverlässig erwiesen, darum werde ich dir auch Größeres anvertrauen. Komm zum Freudenfest deines Herrn!"

So ist es, wenn wir uns für Gott einsetzen. Wir können durch unseren Einsatz uns das ewige Leben nicht verdienen. Doch spricht Jesus klar aus, dass es eine Belohnung geben wird: Wir werden eingeladen, mit Gott ein Freudenfest zu feiern. Nicht erst im

Himmel, sondern hier und jetzt schon. Und wir dürfen darauf gespannt sein, was nach diesem Leben kommt: Das, was kein Auge gesehen und kein Ohr gehört hat, das hat Gott bereitet, denen, die ihn lieben.

Bibeltext: 1. Mose 22, 1-19

Diese Geschichte von Abraham, der auf Gottes Befehl seinen Sohn Isaak opfern soll, ist den meisten von uns sehr vertraut, für manche schon seit ihrer Kindheit. Und weil es so ist, machen wir uns nicht viele Gedanken darüber und kommen erst recht nicht auf die Idee, sie zu hinterfragen. Stellen wir uns aber vor, wir hätten ein ganz anderes Publikum heute Morgen in der Gemeinde: Menschen, die mit Gott nicht viel am Hut haben und diesen Bibeltext zum ersten Mal hören. Ich bin sicher, sie würden die Geschichte gar nicht so erbaulich finden und unangenehme Fragen stellen: "Was ist das für ein Gott, der von einem Vater verlangt, seinen einzigen Sohn eigenhändig zu opfern?" Dass er diese Opferung in letzter Sekunde verhindert, macht die Sache nicht besser. Man stelle sich die seelischen Qualen vor, die Abraham durchstehen musste. Drei Tage dauerte die Reise zu dem Ort, an dem er seinen Sohn opfern sollte. Drei lange Tage, in denen er Zeit hatte, über das schier Unmögliche nachzudenken, das Gott von ihm verlangte. Und wie ist es mit Isaak? Konnte er jemals wieder seinem Vater vertrauen nach diesem Erlebnis? Hat er doch mit eigenen Augen gesehen, wie Abraham das Messer bereithielt, um ihn zu töten.

> Dass Gott die Opferung Isaaks in letzter Sekunde verhindert macht die Sache nicht besser.

Solche Geschichten sind natürlich ein gefundenes Fressen für Bibelkritiker und Gegner des christlichen Glaubens. Sie schießen sich mit Vorliebe auf das Alte Testament ein und ziehen die Bibel ins Lächerliche. Da stehen wir als Christen ganz schön mit dem Rücken zur Wand, wenn wir es wagen, diesen Gott zu rechtfertigen. Wir sind in Erklärungsnot und versuchen, Bibeltexte, die für Menschen unserer Zeit anstößig klingen, zu entschärfen. Das gilt auch für diesen Bericht über Abraham und Isaak. Viele Bibelausleger sagen, man dürfe ihn nicht wörtlich nehmen. Es handelt sich vielmehr um eine Legende, eine Erzählung, die eine bestimmte Botschaft vermitteln will.

Eine Auslegung, die ich schon mehrmals gehört habe, erklärt den Text folgendermaßen: Das Volk Israel lebte damals mit den Kanaanitern im gleichen Land zusammen. Die Kanaaniter hatten den Brauch, den erstgeborenen Sohn ihren Gottheiten zu opfern. Mit diesem Opfer hofften sie, die Gunst der Götter zu erkaufen und ihren Zorn fern zu halten. Sie hofften auch, dass damit Schicksalsschläge und Missernten ihnen erspart wurden. Die Israeliten hielten sich aber nicht an diesen Brauch. Sie opferten nur Tiere. Wenn ein Unglück eintraf, der Regen ausblieb und die Ernte schlecht ausfiel, deuteten die Kanaaniter mit dem Finger auf die Israeliten und gaben ihnen die Schuld. Sie waren als Fremde in das Land gekommen und versagten den Gottheiten der ursprünglichen Einwohner die nötige Achtung. Sie haben diesen Gottheiten ihre Erstgeborenen vorenthalten und sie damit zum Zorn gereizt.

Die Israeliten mussten sich etwas einfallen lassen, um ihr Verhalten zu rechtfertigen. Also haben sie sich die Geschichte der Opferung Isaaks ausgedacht, um den Kanaanitern zu sagen: "Seht, wir wären bereit, wie unser Vater Abraham, unsere Söhne zu opfern, aber unser Gott will das nicht. Er hat stattdessen die Opferung von Tieren angeordnet."

Diese Deutung der Geschichte von Abraham und Isaak hat einige Pluspunkte:

1. Sie schafft einen Ausweg aus der peinlichen Konfrontation mit den Kritikern.
2. Sie nimmt Gott aus der Schusslinie. Man kann ihm jetzt nicht mehr vorwerfen, diese unmenschliche Tat von Abraham verlangt zu haben.
3. Sie erspart uns zudem die Auseinandersetzung mit einem schwierigen Text und einem Gott, den wir nicht verstehen können.

Doch gerade in diesem letzten Punkt liegt auch die Schwäche dieser Auslegung begründet. Denn nach meiner Erfahrung wird die Auseinandersetzung mit einem Gott, den wir manchmal nicht verstehen, früher oder später auf uns zukommen. Das Leben bietet genügend Gelegenheiten dazu. Das kann ein persönlicher Schicksalsschlag sein oder ein anderes Ereignis, das uns an Gott verzweifeln lässt. Ich hörte kürzlich von einem gläubigen Elternpaar, die ihren einzigen Sohn durch eine scheinbar harmlose Virusgrippe verloren haben. Ihre Gebete und die Gebete ihrer Freunde um Heilung wurden nicht erhört. Ich kann mir gut vorstellen, dass diese Eltern ähnlich empfinden, wie Abraham damals, als er seinen einzigen Sohn wieder hergeben sollte. In solchen Si-

> Die Auseinandersetzung mit einem Gott, den wir nicht verstehen, wird früher oder später auf uns zukommen.

tuationen erleben wir selber jenen rätselhaften Gott, der uns in der Versuchung Abrahams begegnet.

Und so möchte ich in dieser Predigt versuchen herauszufinden, ob diese Geschichte nicht doch tiefere Wahrheiten enthält, die sich uns erschließen, wenn wir uns die Mühe machen, Abraham auf seinem Weg zu begleiten.

Unterwegs mit Abraham

Unser Bibeltext beginnt mit den Worten: **Nach diesen Geschichten** versuchte Gott Abraham. Diese Versuchung kann man nur verstehen in dem weiten Bogen von Abrahams Leben. Gott hat sie ihm nicht gleich am Anfang zugemutet. Am Anfang von Gottes Geschichte mit Abraham stand der Ruf zum Aufbruch aus der Heimat in ein neues Land. Gott gab ihm die Verheißung: "Ich will dich zu einem großen Volk machen und will dich segnen und durch dich sollen alle Völker gesegnet werden." Zwischen der Berufung und der Versuchungsgeschichte waren über dreißig Jahre vergangen. Jahre, in denen Abraham viele Erfahrungen mit Gott sammeln konnte.

Am Anfang von Abrahams Weg mit Gott war sein Glaube noch nicht sehr tragfähig. Damals hat dieser Glaube schon bei kleineren Belastungen versagt. Gott hat ihn deswegen nicht verstoßen. Zweimal hat er seine Frau als seine Schwester ausgegeben, weil er Angst hatte, man würde ihn sonst umbringen, um an diese offensichtlich auch im hohen Alter attraktive Frau heran zu kommen. Er nahm es billigend in Kauf, dass der Pharao Sarah in seinen Harem aufnahm, weil er glaubte, sie sei noch frei. Als die Lüge heraus kam, stand Abraham sehr beschämt da. Doch er erlebte, dass Gott ihm die Treue hielt, auch in Situationen, in denen, er vollkommen versagte. Gott schenkte Abraham viele Erfahrungen, die sein Vertrauen stärkten. In Abraham war dadurch ein Glaube gewachsen, der auch großen Belastungen standhält. Erst dann mutet ihm Gott diese schwere Prüfung zu.

In Abraham war ein Glaube gewachsen, der auch großen Belastungen standhält. Erst dann mutet Gott ihm diese schwere Glaubensprüfung zu.

Gott ruft ihn bei seinem Namen: "Abraham!". "Hier bin ich!", antwortet Abraham. Er ist ganz da für Gott, bereit zu hören und zu gehorchen, aber er ahnt noch nicht, was Gott von ihm verlangen wird. Wie aus heiterem Himmel kommt dann diese grausame Aufforderung: "Nimm deinen einzigen Sohn, den du lieb hast, und gehe hin in das Land Morija und opfere ihn dort zum Brandopfer, auf einem Berg, den ich dir zeigen werde."

Jedes einzelne Wort war wie ein Messerstich in Abrahams Herz: deinen **einzigen Sohn**, den du **lieb hast**. Abraham soll eigenhändig seinen Sohn, den er liebt, opfern. Mit seinem Tod würde die ganze Verheißung Gottes an Abraham auch sterben. Macht sich Gott selbst da nicht unglaubwürdig?

Will Gott, dass wir ihm das Liebste geben?

Was mag Gott bewegt haben, dieses von Abraham zu verlangen? Geht es ihm hier darum, zu prüfen, ob Abraham bereit wäre, sich von allem zu trennen, was ihm lieb und teuer ist? Will Gott herausfinden, ob ein gläubiger Mensch ihm auch das Liebste gibt, wenn er es verlangt? In manchen frommen Kreisen kursiert das Sprichwort: "Gib doch Gott deinen Isaak!" Das heißt: Lass alles los, was dir lieb ist und mit Gott in Konkurrenz treten könnte. Für mich ist auch dieser Erklärungsversuch unbefriedigend. Es klingt so, als ob Gott uns nichts Schönes und auch keine Freude gönnt. Ist Gott wirklich so ein Miesmacher?

Der biblische Text schweigt zu den vielen Fragen, die uns durch den Kopf gehen. Auch die beiden Hauptakteure dieser Geschichte, Abraham und Isaak sind merkwürdig schweigsam. Abraham spricht kein Wort, als er diese Aufforderung von Gott hört. Er schweigt und gehorcht. Es wird uns nicht berichtet, dass er mit Gott hadert und ihm bittere Vorwürfe macht, wie wir es oft tun in schweren Situationen. Abraham gehorcht und macht sich auf den langen Weg. Seiner Frau Sarah sagt er nichts von dem, was er vorhat. Wie sollte er es auch? Sie würde ihn für verrückt erklären und einsperren lassen.

Ich frage mich an dieser Stelle: Ist das der gleiche Abraham, der stundenlang mit Gott ringt und verhandelt, um Gottes Gericht über die Städte Sodom und Gomorra aufzuhalten? Damals ging es ihm um das Leben seines Neffen Lot, der in Sodom lebte. Und jetzt, wo es um das Leben seines Sohnes geht, da schweigt er. Schweigend geht er den tagelangen Marsch neben seinem Sohn Isaak und seinen Dienern, die ihn begleiten. Es gab nur einen kurzen Wortwechsel zwischen Abraham und seinem Sohn. Issak fragte seinen Vater: "Feuer und Holz haben wir, aber wo ist das Lamm für das Opfer?" Abraham antwortete: "Gott wird schon für ein Opferlamm sorgen!" Ob diese Antwort ein Ausdruck der Ratlosigkeit Abrahams ist, oder ein Zeichen dafür, dass er noch ein kleines Fünkchen Hoffnung hegte, Gott würde das Schlimmste verhindern, ist schwer auszumachen.

Abraham hatte auf dem Weg Zeit über Vieles nachzudenken, das er mit Gott erlebt hatte seit dem Aufbruch aus Ur. Er hat sicher auch in seinem Herzen mit Gott geredet und ihm Fragen gestellt, aber es gab keine Antwort vom Himmel auf seine Fragen, noch nicht. Gott lässt ihn alleine durch dieses dunkle Tal gehen. Erst als Abraham Isaak auf das Opferaltar legt und das Messer in die Hand nimmt, da greift Gott ein und verhindert das Schlimmste.

Ende gut, alles gut?

Diese Geschichte hat ein glückliches Ende. Isaak wird gerettet und Gott erneuert seine Verheißung an Abraham: "Ich habe bei mir selbst geschworen, spricht der HERR: Weil du solches getan hast und hast deinen einzigen Sohn nicht verschont, will ich dein Geschlecht segnen und mehren wie die Sterne am Himmel und wie den Sand am Ufer des Meeres, und deine Nachkommen sollen die Tore ihrer Feinde besitzen; und durch dein Geschlecht sollen alle Völker auf Erden gesegnet werden, weil du meiner Stimme gehorcht hast."

Ende gut, alles gut? So einfach können wir es uns nicht machen. Es ist nicht immer so, dass Glaubensprüfungen gut ausgehen. Manchmal muss man den Weg bis zum bitteren Ende gehen. Darum ist die Frage am Schluss erlaubt: Hat es Gott denn nötig, unseren Glauben so zu prüfen, um herauszufinden, ob wir ihm treu bleiben? Geht er nicht das Risiko ein, dass Menschen, die ihn lieben, unter der Last der Prüfung zusammenbrechen?

Es gibt keine einfache Antwort auf diese Frage. Das einzige, das wir mit Sicherheit sagen können, ist: Prüfungen gehören zum Leben, keiner kann sich ihnen entziehen. Gott macht keine Ausnahme bei den Gläubigen.

Abrahams Größe

Abrahams Größe zeigt sich darin, dass er in dieser Situation, in der er Gott nicht mehr versteht, ihm dennoch vertraut. Wie war das möglich, dass er an diesem Vertrauen festhält, als Gott das Unmögliche von ihm verlangt? Der Schreiber vom Hebräerbrief im Neuen Testament, der uns namentlich nicht bekannt ist, gibt uns eine Deutung für Abrahams Verhalten: "Durch den Glauben opferte Abraham den Isaak, als er versucht wurde, und gab den einzigen Sohn dahin, als er schon die Verheißung empfangen hatte und ihm gesagt worden war: Was von Isaak stammt, soll dein Geschlecht genannt werden. Er dachte: Gott kann auch von den Toten erwecken; deshalb bekam er ihn auch als Gleichnis dafür wieder."

Der Verfasser des Hebräerbriefes sieht diese Geschichte im Zusammenhang mit dem Geschehen von Karfreitag und Ostern. Dass Abraham seinen Sohn Isaak wieder bekam, ist ein Hinweis auf die Auferstehung von Jesus Christus, Gottes Sohn.

Parallelen zum Tod von Jesus am Kreuz

Hier haben wir, denke ich, einen entscheidenden Schlüssel, der uns die Tür öffnet für ein Verstehen dieser Geschichte. In ihr wird bereits das Geschehen am Kreuz von Golgatha angedeutet. Die Parallelen zum Opfertod von Jesus am Kreuz sind unübersehbar. Der Berg Morija, auf dem Isaak geopfert werden sollte, befindet sich in Jerusalem, wo Jesus starb. Die Reise zu diesem Berg dauerte drei Tage, in denen Abraham seinen Sohn schon im Grabe liegen sah. Jesus lag drei Tage im Grab. Auf dem letzten Wegstück trägt Isaak das Holz, auf dem er geopfert werden sollte, auf seinem Rücken, so wie Jesus sein Kreuz trug. Auch der Wortlaut: "Du hast deinen einzigen Sohn nicht verschont", findet sich fast wörtlich wieder im Neuen Testament in Bezug auf Gott, der seinen Sohn für uns gab: "Gott hat seinen eigenen Sohn nicht verschont, sondern hat ihn für uns alle dahingegeben – wie sollte er uns mit ihm nicht alles schenken?" Römer 8,32

Es gibt nur einen Unterschied: Gott ersparte Abraham, was er später aus Liebe zu uns sich selber zumutete, nämlich seinen einzigen Sohn dahin zu geben. So ist diese Geschichte ein Gleichnis für das, was viel später in Jerusalem geschah, als Jesus am Kreuz starb. Und so verwandelt sich diese Geschichte von einer unmöglichen Zumutung in einen Hinweis auf die Liebe Gottes und einen Trost für alle Leidgeprüften. Der Blick zum Kreuz sagt uns, dass Gott uns nicht alleine lässt mit unserer Not. Er selbst hat es durchgemacht und geht mit uns, stärkt und tröstet uns. Es ist kein billiger Trost, den er spendet. Es ist der Trost von einem, der weiß, was Schmerzen und Leid bedeuten.

> Gott ersparte Abraham, was er später aus Liebe zu uns sich selber zumutete, nämlich seinen einzigen Sohn dahin zu geben.

Darum kann Gott die verstehen, die durch großes Leid geprüft werden und sie trösten. Aber kann es sein, dass auch Gott jemand braucht, der versteht, was er durchgemacht hat, als er seinen Sohn am Kreuz elend und verlassen sterben ließ? Vielleicht ist dieser Gedanke am Ende der Predigt ziemlich fremd. Der ewige und allmächtige Gott ist doch nicht darauf angewiesen, dass Menschen ihn verstehen und mit ihm mitfühlen. Wenn wir aber die Bibel ernst nehmen, dann ist dieser Gedanke nicht mehr so ketzerisch, wie er zuerst klingt. Die Bibel sagt uns, dass Gott sehr wohl Gefühle kennt. Er freut sich über einen Sünder der zu ihm umkehrt und lässt ein großes Fest im Himmel feiern. Er kann traurig und zornig werden, wenn Menschen nicht auf ihn hören und ins Verderben laufen. Er trägt überhaupt viele menschliche Züge. Oder sagen wir es besser umgekehrt: Wir Menschen tragen viele Züge von Gottes Charakter in uns, weil er uns nach seinem Bild geschaffen hat.

So würde es mich nicht wundern, wenn Gott in jener Stunde, als sein Sohn Jesus am Kreuz einsam und verlassen starb, froh war über einen Menschen, Abraham, der annähernd verstehen konnte, wie es ihm als Vater zumute war.

Das Buch Hiob, mit dem wir uns heute befassen, ist eins der ältesten Bücher der Bibel. Es ist auch auf Grund seiner dichterisch beeindruckenden Sprache ein großartiges literarisches Werk. Der bekannte französische Schriftsteller Victor Hugo schrieb einmal darüber: "Wenn alle Bücher der Weltliteratur vernichtet werden sollten und ich die Wahl hätte eines davon zu retten, dann würde ich mich für das Buch Hiob entscheiden." Dieses Buch erzählt uns die Geschichte eines Mannes, der von Schicksalsschlägen gebeutelt wird und darum ringt, den Grund dafür herauszufinden. Hiob war bevor diese Schicksalsschläge ihn trafen ein reicher und angesehener Mann, aber der Reichtum hatte seinen Charakter nicht verdorben. Er half den Bedürftigen und setzte sich für die Rechte der Schwachen und Wehrlosen ein. Er war ein treuer Ehemann und ein guter Vater und obendrein auch gottesfürchtig. Sein vorbildlicher Lebenswandel hat ihn dennoch nicht vor Trauer, Leid und Schmerz bewahrt. Zuerst verliert er durch Überfälle von räuberischen Banden seinen ganzen Besitz. Dann sterben auf einen Schlag seine zehn Kinder, als ein Sturm das Haus, in dem sie gerade eine Feier abhalten, zum Einsturz bringt. Schließlich wird Hiob von einer schlimmen Hautkrankheit heimgesucht. Sein Körper wird über und über mit eitrigen Geschwüren bedeckt. Die körperlichen Schmerzen treiben ihn an den Rand der Verzweiflung. Am Tag sehnt er sich nach dem Einbruch der Dunkelheit und hofft, auf seinem Nachtlager eine Linderung der Schmerzen zu erfahren. Aber auch die Nächte bringen ihm keine Ruhe. Und wenn er einmal aus Erschöpfung kurz einschläft, dann wird er durch Alpträume hochgeschreckt und die Schmerzen quälen ihn unablässig weiter.

Hiob fühlt sich ungerecht behandelt. Er möchte, dass Gott ihn anhört, dass er ihm erklärt, warum dieses ganze Unglück ausgerechnet ihn trifft, obwohl er sich keiner Schuld bewusst ist. Denn Hiob lebte in einer Zeit, in der man fest daran glaubte, dass ein gerechter Gott die Frommen belohnt und die Gottlosen straft. Aber Gott schweigt beharrlich zu den Klagen und Bitten des leidenden Hiob. Er gewährt ihm keine persönliche Audienz, so sehr Hiob darum bittet. Je länger sein Leiden und Gottes Schweigen währen, desto heftiger werden Hiobs Vorwürfe gegen Gott. Das ist vielleicht der Grund, dass selbst Menschen, die sonst nichts von der Bibel halten, Gefallen an diesem Buch finden. Da ist endlich ein Mann, der Gott die Meinung sagt, der ihm die ganze Ungerechtigkeit dieser Welt vorhält und ihn auffordert, sich zu zeigen und eine Antwort zu geben. Hiob hat den Mut, Gott Fragen zu stellen, die viele Menschen denken, aber sich nicht trauen auszusprechen.

Als ich das Buch Hiob zum ersten Mal las, da war ich ziemlich gespannt auf das Ende. Auf den ersten Blick sah es nach einem Happy End aus, denn Hiob kommt wieder zu Reichtum und Ehren. Er wird wieder gesund und zeugt eine Schar von Kindern. Trotzdem war es eine herbe Enttäuschung für mich. Ich hatte erwartet, dass Gott Hiob den Hintergrund seines Leidens erklärt. Dass er ihm auf die Schulter klopft und sagt: "Du hast dich tapfer geschlagen. Ich bin stolz auf dich!" Aber das tut Gott nicht. Als er am Ende von dieser Geschichte sein Schweigen bricht und mit Hiob redet, bekommt Hiob keine Antwort auf seine Fragen. Und so geht es heute vielen Menschen, die sich die Frage stellen, wie ein liebender und gerechter Gott dieses unerklärliche Leid in der Welt zulässt. Auf jeden Fall gibt uns das biblische Buch, das sich am intensivsten mit diesem Thema beschäftigt, keine Antwort darauf, solange wir diese Geschichte aus der Perspektive des leidenden Hiobs betrachten.

Wir, die heutigen Leser dieses Buches, erfahren aber einiges, das Hiob verborgen blieb und das könnte uns helfen, dem Geheimnis seines Leidens näher zu kommen. Die einleitenden Kapitel gewähren uns einen Blick hinter die Kulissen dieses Dramas. Wir werden Zeugen eines Streitgesprächs zwischen Satan und Gott, in dem Satan Gott vorhält, dass er sich die Liebe und die Zuneigung von Menschen durch Wohltaten erkauft. Er sagt: "Wen wundert's, dass Hiob auf deiner Seite steht? Du hast das Werk seiner Hände gesegnet und ihn mit Geschenken überhäuft. Wenn du aber Hiob diese Geschenke wieder wegnimmst, dann wird er dir den Rücken zukehren." Gott lässt sich auf diese Herausforderung ein und schließt eine Art Wette mit Satan ab. Satan darf Hiob alles wegnehmen, nur seine Gesundheit darf er nicht antasten. Und so trifft beim ahnungslosen Hiob eine schlimme Nachricht nach der anderen ein. Innerhalb von wenigen Tagen verliert er seinen Besitz und seine Kinder, aber er hält tapfer fest an seinem Glauben an Gott. Seine Reaktion auf diese Schicksalsschläge ist erstaunlich gelassen: "Nackt bin ich vom Leib meiner Mutter gekommen, nackt werde ich wieder dahinfahren. Der Herr hat's gegeben, der Herr hat's genommen. Gepriesen sei der Herr." Die erste Runde in dieser Wette wird eindeutig von Gott gewonnen. Es steht 1:0 für ihn, aber Satan will sich noch nicht geschlagen geben: "Okay Gott, du hast die erste Runde gewonnen, weil du die Spielregeln bestimmt hast. Denn so lange der Mensch seine Gesundheit behält, da kann er viel einstecken. Er hat immer noch die Hoffnung, dass er aus eigener Kraft einen neuen Anfang schaffen könnte. Aber nimm Hiob dieses letzte Gut, das ihm noch verbleibt, dann wirst du sehen, wie er sich von dir abwendet." Wieder geht Gott auf diese Wette ein und gestattet Satan den Hiob mit Krankheit zu schlagen. Hiob hat den Verlust seiner Güter und den Tod seiner Kinder noch nicht richtig verarbeitet, da wird er vom nächsten Unglück heimgesucht: Sein ganzer Körper wird mit eitrigen und schmerzenden Geschwüren bedeckt.

Über diese Wette zwischen Gott und Satan wurden schon viele kritische und spöttische Worte geschrieben: "Ist es fair, dass Gott einem Menschen so viel zumutet, damit er sich am Ende bestätigt fühlt? Lohnt es sich für einen Löwen, einer Maus, die sich nicht wehren kann, Angst und Schrecken einzujagen?" Man kann diese Kritik verstehen, vor allem, wenn man selber in einer ähnlichen Lage wie Hiob sich befindet. Und doch bieten uns diese ersten Kapitel vom Buch Hiob eine Möglichkeit, die Geschichte aus einer anderen Perspektive zu sehen. Es ist, als ob dieses Drama sich in zwei Welten abspielt. In der sichtbaren Welt, die Hiob wahrnehmen kann, geht es um die Frage, warum ein liebender und gerechter Gott unermessliches Leid im Leben von vielen Menschen zulässt. Wenn wir das Buch aus dieser Perspektive lesen, dann muss es zu einer Enttäuschung führen, weil es die Antwort auf diese Frage schuldig bleibt. Hintergründig aber, in der für Hiob unsichtbaren Realität, geht es um eine andere Kernfrage des Glaubens: "Ist der Mensch bereit, Gott zu lieben, selbst dann, wenn alles dagegen spricht?" Das wichtigste Gebot der Bibel, "Du sollst den HERRN, deinen Gott, lieb haben von ganzem Herzen, von ganzer Seele und mit all deiner Kraft.", wurde den Israeliten während der Wüstenwanderung gegeben, in einer Zeit, wo es an Schwierigkeiten und Herausforderungen nicht mangelte und wo es manches gab, das sie an Gottes Liebe zweifeln ließ. "Kannst du Gott lieben, auch in den Wüstenzeiten deines Lebens, wenn du nichts von seiner Liebe spürst? Kannst du ihm dann immer noch vertrauen, dass er es gut mit dir meint?" Das ist die eigentliche Frage, um die es im Buch Hiob geht. Sie scheint Gott so wichtig zu sein, dass er Hiob das alles zumutet, um eine Antwort zu bekommen.

Ist es fair, dass Gott einem Menschen so viel zumutet, damit er sich am Ende bestätigt fühlt?

Und so ging die Wette zwischen Satan und Gott nun in die zweite Runde und das war eine zu viel. Nicht für den direkt betroffenen Hiob. Es war seine Frau, die zuerst unter der Last einknickte. Ihr Mann war durch die Krankheit äußerlich entstellt und derart von starken Schmerzen geplagt, dass sie diesen Anblick nicht mehr ertragen konnte: "Was hältst du noch an deiner Frömmigkeit fest? Sage Gott ab und stirb!" Es ist leicht, den Stab über Hiobs Frau zu brechen, wenn man nicht in ihrer Lage steckt. Wer aber einmal einen schwerkranken Angehörigen gepflegt hat, der weiß wie schnell man an seine Grenzen kommt, und wie man sich dann hilflos und überfordert fühlt. Da sind solche Gedanken auch von uns nicht mehr fern: "Wenn die kranke Person doch bald sterben könnte. Das wäre für alle Betroffenen eine Erlösung." Manche, wie Hiobs Frau, gehen sogar einen Schritt weiter und legen der kranken Person nahe, die Sache in die eigene Hand zu nehmen, um diese Erlösung schneller herbeizuführen. Und da sind wir schon bei der aktuellen Debatte, ob unheilbar Kranke selber den Zeitpunkt ihres Sterbens bestimmen dürfen. Hiob weist diesen Gedanken empört zurück: "Du redest wie eine törichte Frau. Haben wir das Gute von Gott empfangen und sollten das Böse nicht auch annehmen?"

Der Autor vom Buch Hiob kommentiert Hiobs Verhalten mit folgenden Worten: "In diesem allen sündigte Hiob nicht und tat nichts Törichtes wider Gott." Hiob hat auch die zweite Härteprüfung glänzend bestanden. In der Wette zwischen Satan und Gott stand es nun 2:0 für Gott. Hiob hat Gott nicht enttäuscht. Er blieb fest im Glauben, selbst nachdem ihm alles weggenommen wurde. Nun könnte Gott den Stresstest für Hiob beenden. Er könnte Hiob darüber aufklären, warum er dies alles durchmachen musste und ihn beglückwünschen, dass er standhaft geblieben ist. Doch das geschieht leider nicht. Der Stresstest wurde weiter geführt und es war eigentlich nur noch eine Frage der Zeit, wann Hiob unter dieser Last zusammenbrechen würde. Denn auch der härteste Stahl zeigt nach einer gewissen Zeit unter Dauerlast Risse. Wie sollte ein Mensch aus Fleisch und Blut es nicht tun?

In der Wette zwischen Satan und Gott stand es nun 2:0 für Gott. Hiob hat Gott nicht enttäuscht.

Genau zu diesem Zeitpunkt, als Hiob die Grenze seiner Belastbarkeit erreicht, bekommt er Besuch. Drei seiner Freunde, gestandene Männer wie er selber, hören von seinem Unglück und kommen zu ihm. Sie wollen ihn trösten und ihm in seiner Not beistehen. Als sie ihn erblicken, sind sie so entsetzt, dass sie ihre Kleider zerreißen. Das war im Orient damals ein Zeichen von Trauer. Dann setzen sie sich zu Hiob und schweigen sieben Tage lang. Sie wissen nicht, wie sie Hiob mit Worten trösten können und so bleiben sie einfach still neben ihm sitzen.

Nach diesen sieben langen Tagen bricht Hiob das Schweigen. Es gärt in ihm und er hat das Bedürfnis sich mitzuteilen. Die ganze Bitterkeit, die sich in ihm aufgestaut hatte, bricht sich jetzt Bahn: "Warum bin ich nicht gestorben bei meiner Geburt? Warum bin ich nicht umgekommen, als ich aus dem Mutterleib kam? Dann läge ich da und wäre still, dann schliefe ich und hätte Ruhe." Und dann richtet er seine erste Klage gegen Gott: "Warum gibt Gott das Licht dem Mühseligen und das Leben den betrübten Herzen - die auf den Tod warten und er kommt nicht, die nach ihm suchen mehr als nach Schätzen, die sich sehr freuten und fröhlich wären, wenn sie ein Grab bekämen?"

Hiob macht seinem Herzen Luft, aber diese Worte kommen bei seinen Freunden nicht gut an. So darf ein frommer Mann wie Hiob nicht einmal denken. Einer von den drei Freunden, Elifas, ergreift das Wort und weist Hiob zurecht: "Siehe, du hast viele unterwiesen und matte Hände gestärkt; deine Rede hat die Strauchelnden aufgerichtet und die bebenden Knie hast du gestärkt. Nun aber es an dich kommt, wirst du weich, und nun es dich trifft, erschrickst du! Ist nicht deine Gottesfurcht dein Trost und deine Unsträflichkeit deine Hoffnung?" Diese Worte erinnern mich an Durchhalteparolen mit denen wir manchmal Leidende zu trösten versuchen: "Kopf hoch! Lass dich nicht so hängen! Es wird schon nicht so schlimm werden". Was diese Menschen aber brauchen ist jemand der sie versteht und ihnen unter die Arme greift.

Hiob fühlt sich von seinen Freunden unverstanden und er muss sich rechtfertigen: "Meine Worte sind unbedacht, denn die Giftpfeile des Allmächtigen stecken in mir, mein Geist muss ihr Gift trinken. Was ist denn meine Kraft, dass ich ausharren könnte und welches Ende wartet auf mich, das ich geduldig sein sollte? Ist doch meine Kraft nicht aus Stein und mein Fleisch nicht aus Erz."

Hiob versucht um Verständnis für seine Lage zu werben: "Legt doch bitte meine Worte nicht auf die Goldwaage, mir geht es dreckig." Aber seine Freunde sehen in diesen Worten einen Angriff auf Gott, und sie fühlen sich verpflichtet, Gott zu verteidigen. Das ist so eine Art Reflexreaktion bei vielen Gläubigen. Sie können nicht unwidersprochen hinnehmen, dass Gottes Güte angezweifelt wird. Also gibt es nur noch eine Möglichkeit, Hiobs Leiden zu erklären. Es muss wohl verdeckte Schuld in seinem Leben geben. Der zweite Freund Bildad belehrt ihn: "Meinst du, dass Gott unrecht richtet und der Allmächtige das Recht verkehrt? Haben deine Söhne vor ihm gesündigt, so hat er sie um ihrer Sünde willen verstoßen. Wenn du aber dich beizeiten zu Gott wendest und zu dem Allmächtigen flehst, wenn du rein und fromm bist, dann wird er deinetwegen aufwachen und wird wieder deine Wohnung aufrichten, wie es dir zusteht." Der Fall Hiob ist nun für die Freunde klar: Gott begeht kein Unrecht.

Hiobs Söhne haben schwere Schuld auf sich geladen und mussten deshalb sterben. Das soll Hiob als Warnung dienen. Wenn er rechtzeitig umkehrt, dann wird Gott sich seiner erbarmen und ihn wieder aufrichten. Die simple Logik, die dahinter steckt lautet: "Gott ist gerecht, also müssen die Leiden ihre Ursache in den Sünden der Betroffenen liegen." Statt den Leidenden zu helfen, bürdet man ihnen damit eine zusätzliche Last auf.

Hiob wehrt sich mit aller Kraft gegen diese leidigen Tröster und ihre Worte: "Ich bin unschuldig! Ich möchte nicht mehr leben; ich verachte mein Leben." Seine Unschuld ist der einzige Trost, der ihm verbleibt und den will er sich nicht nehmen lassen. Lieber würde er sterben, als sich schuldig zu bekennen. Und so entbrennt eine endlose Debatte zwischen Hiob und seinen Freunden. Sie wollen ihm Schuld nachweisen und er wehrt sich immer heftiger dagegen. Der Ton der Debatte wird dabei immer rauer. In ihrem Eifer für Gott vergessen Hiobs Freunde, dass sie eigentlich gekommen sind, um ihren Freund zu trösten. Hiob gibt im Laufe der Debatte die Hoffnung auf, dass seine Freunde ihn verstehen, geschweige denn recht geben in seinem Streit mit Gott. Es bleibt ihm nur noch die Hoffnung, dass er seinen Fall persönlich bei Gott vortragen darf. Aber wo ist Gott? Gerade in der Zeit, da Hiob ihn am nötigsten braucht, zieht er sich zurück und lässt Hiob im Dunkeln tappen. Hiob klagt: "Ach dass ich wüsste, wie ich ihn finden und zu seinem Thron gelangen könnte! So würde ich ihm das Recht darlegen und meinen Mund mit Beweisen füllen und erfahren die Reden, die er mir antworten und vernehmen, was er mir sagen würde. Aber gehe ich nun vorwärts, so ist er nicht da. Gehe ich zurück, so spüre ich ihn nicht. Ist er zur Linken, so schaue ich ihn nicht; verbirgt er sich zur Rechten, so sehe ich ihn nicht."

In ihrem Eifer für Gott vergessen Hiobs Freunde, dass sie eigentlich gekommen sind, um ihren Freund zu trösten.

Es ist gerade diese Verborgenheit Gottes, die Hiob immer tiefer in die Verzweiflung treibt. Gott wird für ihn zum unsichtbaren und übermächtigen Gegner, der ihn ohne Grund verfolgt. Hiobs eigenes Leiden öffnet ihm auch die Augen für das Leid und die Ungerechtigkeit in dieser Welt, die er früher nicht wahrgenommen hat und er möchte eine Erklärung von Gott dafür haben: "Die Gottlosen stoßen die Armen vom Wege, und die Elenden im Lande müssen sich verkriechen. Siehe, sie sind wie Wildesel: In der Wüste gehen sie an ihr Werk und suchen Nahrung in der Einöde als Speise für ihre Kinder. Sie ernten des Nachts auf dem Acker und halten Nachlese im Weinberg des Gottlosen. Sie liegen in der Nacht nackt ohne Gewand und haben keine Decke im

Frost. Sie triefen vom Regen in den Bergen; sie müssen sich an die Felsen drücken, weil sie sonst keine Zuflucht haben. Man reißt das Waisenkind von der Mutterbrust und nimmt den Säugling der Armen zum Pfande. Nackt gehen sie einher ohne Kleider, und hungrig tragen sie Garben. Gleich in den Gärten pressen sie Öl, sie treten die Kelter und leiden doch Durst. Fern der Stadt seufzen Sterbende, und die Seele der Säuglinge schreit. Doch Gott achtet nicht darauf!"

Heftiger kann man Gott kaum angreifen, als Hiob es hier macht. Und trotzdem tut er Satan nicht den Gefallen, sich von Gott abzuwenden. Seine Anklagen sind ein Ringen mit Gott, von dem er nicht loslassen kann. Ganz unvermittelt, mitten in seiner Klage, leuchtet dann ein kleines Fünkchen Hoffnung auf: "Aber ich weiß, dass mein Erlöser lebt, und als der Letzte wird er über dem Staub sich erheben. Und ist meine Haut noch so zerschlagen und mein Fleisch dahingeschwunden, so werde ich doch Gott sehen. Ich selbst werde ihn sehen, meine Augen werden ihn schauen und kein Fremder. Danach sehnt sich mein Herz in meiner Brust."

Und diese Hoffnung, die Hiob hegt, wird nicht enttäuscht. Am Ende meldet sich Gott zu Wort. Er gewährt Hiob den Wunsch nach einer Audienz, aber es läuft ganz anderes als Hiob erwartet. In seiner Antwort geht Gott gar nicht auf Hiobs Anklagepunkte ein. Er stellt ihm vielmehr selber Fragen: Wo warst du als ich das Weltall und die Lebewesen auf der Erde geschaffen habe? Bist du derjenige, der sie am Leben erhält? In einer langen Rede entfaltet Gott sein wunderbares Schöpfungswerk vor Hiobs Augen und fragt ihn: "Willst du mein Urteil zunichtemachen und mich schuldig sprechen, damit du recht behältst?" Es scheint mir als ob Gott Hiob sagen will: "Es gibt viele Dinge zwischen Himmel und Erde, die dir verborgen bleiben, darum steht es dir nicht zu, mich anzuklagen und zur Rechenschaft zu ziehen."

Ich weiß nicht, wie ihr diese Antwort von Gott an Hiob findet. Mir fällt es nicht leicht, sie zu verdauen. Ich hätte mir gewünscht, dass Gott auf Hiobs Fragen nach dem Leid und der Ungerechtigkeit in dieser Welt eingeht. Denn das sind auch meine Fragen. Hiob hat sich aber mit Gottes Antwort zufrieden gegeben. Er zog seine Anklage zurück und gab sich reumütig: "Ich hatte von dir nur vom Hörensagen vernommen; aber nun hat mein Auge dich gesehen. Darum spreche ich mich schuldig und tue Buße in Staub und Asche."

Dann wendet Gott sich Hiobs Freunden zu und redet mit ihnen. Und auch in dieser Rede steckt eine dicke Überraschung. An statt diese drei Männer zu loben, weil sie ihn gegen Hiobs Vorwürfe in Schutz genommen haben, tadelt er sie: "Ihr habt nicht recht von mir geredet wie mein Knecht Hiob." Die Klagen eines verzweifelten Menschen wie Hiob sind Gott offensichtlich angenehmer als der Versuch, ihn in Schutz zu nehmen. Und er mag keine einfachen Antworten auf die schwierige Frage nach dem Leid, weil sie in der Regel falsch sind. Es ist besser, wenn wir gegenüber einem Menschen, der schweres Leid durchmacht, zugeben: "Ich verstehe nicht, warum Gott dir dieses Leid zumutet." Wenn wir Hilfe statt Belehrung anbieten.

Gott befiehlt den drei Männern dann noch zu Hiob zu gehen und ihn zu bitten, dass er für sie vor Gott im Gebet eintritt, damit Gott ihnen vergibt. Da kann man nur staunen: Hiob, der Gott mit bitteren Vorwürfen überhäuft hat, steht am Ende gerechter da als die drei Freunde, die Gott verteidigt haben. Er soll durch sein Gebet Vergebung für sie erwirken und das tut er auch. Von diesem Augenblick an wendet sich sein Schicksal. Der Prozess der Heilung und Wiederherstellung setzt bei Hiob in dem Moment ein, wo er seine Bitterkeit gegen Gott fallen lässt und den Groll gegen seine drei Freunde überwindet und für sie betet.

Hiob, der Gott mit bitteren Vorwürfen überhäuft hat, steht am Ende gerechter da als die drei Freunde, die Gott verteidigt haben.

Die Geschichte Hiobs zeigt mir, dass wir oft keine Antwort auf die Frage nach dem Leid haben. Dass wir oft die falschen Antworten geben, die mehr Schaden anrichten als helfen. Gott braucht niemand der ihn rechtfertigt. Wie er über den Umgang mit dem Leid auf dieser Erde denkt, das wissen wir von seinem Sohn Jesus Christus. Als er unter den Menschen lebte und mit viel Leid konfrontiert wurde, da hat er nicht versucht, eine Erklärung dafür zu geben oder Gott zu rechtfertigen. Er stand auf der Seite der Leidenden. Er tröstete die Trauernden, heilte die Kranken und speiste die Hungrigen. Und Jesus ist jemand, der am eigenen Leib erlebt hat, was es heißt, Schmerzen zu ertragen und von Gott verlassen zu sein. Darum kann er die verstehen, die Schweres durchmachen und mit ihnen mitfühlen.

"Ich weiß, dass mein Erlöser lebt." Diese Hoffnung, die bei Hiob mitten in seinem Leid kurz aufleuchtet, hat sich in Jesus Christus erfüllt. Das löst nicht alle Probleme und beantwortet nicht alle Fragen. Aber es gibt Kraft zu tragen und Mut zu helfen.

Predigten zum Kirchenjahr

Advent

Weihnachten

Ostern

Pfingsten

Erntedank

Jedes Fest hat seine eigenen Bräuche und Traditionen. Beim Advent ist es der Kranz mit den vier Kerzen. Diese Kerzen verbreiten ein warmes Licht in unseren Stuben und helfen uns, die dunklen Tage besser zu überstehen. Für Christen sind sie ein Symbol für das Licht, das mit Jesus Christus in unsere Welt gekommen ist. Mit jeder neuen Kerze, die wir am Adventskranz anzünden, wird uns bewusst, dass Weihnachten unmittelbar vor der Tür steht. Jetzt, wenige Tage vor Weihnachten, wird es für alle richtig spannend. Die Kinder sind auf die Geschenke gespannt und die Erwachsenen fragen sich, wie jedes Jahr, ob sie das alles noch schaffen können, was für die Festvorbereitung noch ansteht.

Ursprünglich war der Advent eine Fastenzeit und eine Zeit der Besinnung, um sich auf das Fest der Ankunft Gottes in unsere Welt vorzubereiten. Heute brauchen wir diese Zeit vor Weihnachten, um Geschenke zu besorgen, Essen einzukaufen, Kekse zu backen, Weihnachtspost zu schreiben und vieles mehr. So kurz vor Weihnachten schwirren viele Gedanken noch durch unseren Kopf. Sie erinnern uns an Dinge, die wir noch unbedingt erledigen müssen und bringen uns innerlich auf Trab. Ich hoffe, dass es uns trotzdem gelingt, mit unseren Gedanken im Gottesdienst anzukommen und uns auf die Predigt zu konzentrieren.

Als Einstieg in die Predigt möchte ich ein paar Sätze aus dem Internetlexikon, Wikipedia, zum Stichwort Advent vorlesen:

Advent (aus dem lateinischen Wort *adventus* ", Ankunft. Dazu *advenit* "er kommt an") ist die Vorbereitung der Christenheit auf das Fest der Geburt des Herrn, Weihnachten. Ursprünglich entsprach der Begriff *Advent* dem griechischen Begriff *epiphaneia* ("Erscheinung") und bedeutet die Ankunft, Anwesenheit, Besuch eines Amtsträgers, insbesondere die Ankunft von Königen oder Kaisern. Dieses Wort übernahmen nun die Christen, um ihre Beziehung zu Jesus Christus, dem Sohn Gottes, zum Ausdruck zu bringen.

Soweit das Zitat aus Wikipedia.

Advent – Ankunft, ER kommt an. Jesus ist schon vor zweitausend Jahren in unsere Welt gekommen. An diese Menschwerdung Gottes gedenken wir jedes Jahr im Advent und an Weihnachten. Aber Advent ist nicht nur auf die Vergangenheit bezogen. Denn Advent heißt, ER, Jesus, kommt an. Jesus kommt auch heute noch in unsere

Welt und er wird wiederkommen am Ende der Zeit, um das Reich Gottes aufzurichten. Und so feiern wir in der Adventszeit eine dreifache Ankunft: Jesus ist als Mensch vor zweitausend Jahren in unsere Welt gekommen, er kommt auch heute zu den Menschen, die an ihn glauben und er wird für alle Menschen sichtbar wiederkommen. Um diese dreifache Ankunft wird es heute in der Predigt gehen.

Jesus ist vor zweitausend Jahren in unsere Welt gekommen

Diese Menschwerdung Gottes in der Person von Jesus ist ein großes Wunder, das man nur im Glauben erfassen und bestaunen kann. Leider haben wir uns an dieses Wunder schon so gewöhnt, dass wir das Außergewöhnliche an diesem Ereignis nicht mehr wahrnehmen. Und so möchte ich einige Minuten Zeit nehmen, um uns den Menschen Jesus noch einmal vor Augen zu führen. Gottes Sohn, der mit dem Vater das ganze Universum erschaffen hat und erhält, wird Mensch. Er verzichtet auf alle äußeren Zeichen von Macht und Herrlichkeit. Sein Leben ist das totale Kontrastprogramm zu allen irdischen Machthabern und Königen. Dienen statt herrschen ist sein Motto. Seine Geburt ereignet sich in einer kleinen und unbedeutenden Stadt, Bethlehem. Er wurde in einem Stall geboren, weil seine Eltern keinen Platz in der Herberge fanden. Die ersten Gratulanten waren einfache Hirten aus der Gegend. Von Beginn an muss Jesus erfahren, dass er in unserer Welt nicht willkommen ist. König Herodes, der damals in Israel im Auftrag der Römer herrschte, wollte ihn aus Eifersucht umbringen lassen. Maria und Josef flüchteten nach Ägypten, um das Leben ihres Kindes zu retten.

> Von Beginn an musste Jesus erfahren, dass er in dieser Welt nicht willkommen ist.

Nach der Rückkehr aus Ägypten wuchs Jesus auf, wie ein ganz normales Kind seiner Zeit. Er lernte den Glauben seines Volkes kennen aus den Heiligen Schriften und erwies sich dabei als eifriger Schüler. Schon im Alter von zwölf Jahren konnte er mit den Theologen im Tempel diskutieren. Jesus lernte dann den Beruf seines Vaters und übte diesen Beruf aus bis er dreißig Jahre alt wurde. Über diese Jahre in seinem Leben wissen wir kaum etwas. Hatte er während dieser ganzen Zeit die Erkenntnis, Gottes Sohn zu sein? Wenn ja, wie hat er diese Erkenntnis bekommen? Hat ihm seine Mutter die außergewöhnliche Geschichte seiner Geburt erzählt, oder hat sie dieses Geheimnis für sich behalten? Wir können nur darüber spekulieren.

Wir wissen aber, dass Jesus spätestens im Alter von dreißig Jahren sich im Klaren wurde über seine Herkunft und seinen Auftrag in dieser Welt. Der Auftritt des Täufers

Johannes war für ihn ein Aufbruchsignal, das normale bürgerliche Leben zu verlassen und sich seiner Berufung zu widmen. Sein erster Weg führte ihn an den Jordan, an die Stelle, wo Johannes taufte. Johannes sah ihn kommen und sagte: "Das ist das Lamm Gottes, das die Sünde der Welt trägt." Als Jesus nach seiner Taufe wieder aus den Wasser herausstieg, erklang eine Stimme aus dem Himmel: "Das ist mein geliebter Sohn, an dem ich Wohlgefallen habe." Jesus hörte bei seiner Taufe zwei Botschaften, die nicht unterschiedlicher hätten sein können: Einmal die Bestätigung aus dem Himmel, dass er Gottes Sohn sei und dann das prophetische Wort von Johannes, das seinen Weg zum Kreuz schon andeutet. Herrlichkeit und Leiden sind in diesen Botschaften vereint.

Jesus begann mit seinem öffentlichen Wirken gleich nach seiner Taufe. Er predigte die Herrschaft Gottes, die mit seinem Kommen in die Welt hereingebrochen war. Er heilte Kranke, öffnete den Blinden die Augen und den Tauben die Ohren. Er machte Menschen, die in der Gewalt finsterer Mächte gefangen waren, wieder frei. Jesus hat aber diese Heilungswunder nicht so einfach aus dem Ärmel geschüttelt, weil er Gottes Sohn war. Er konnte sie nur aus der Kraft des Vaters tun. Das wird uns aus zwei Bibelstellen klar, die ich jetzt zitieren möchte:

Lukas 5,17: "Und es begab sich eines Tages, als er lehrte, dass auch Pharisäer und Schriftgelehrte dasaßen, die gekommen waren aus allen Orten in Galiläa und Judäa und aus Jerusalem. Und die Kraft des Herrn war mit ihm, dass er heilen konnte." Jesus war auf diese göttliche Kraft angewiesen, um Menschen zu heilen. Man könnte daraus folgern, dass Jesus als Mensch nicht nach Belieben oder jederzeit über diese Kraft verfügte.

Die zweite Bibelstelle ist Johannes 5,19: "Da antwortete Jesus und sprach zu ihnen: Wahrlich, wahrlich, ich sage euch: Der Sohn kann nichts von sich aus tun, sondern nur, was er den Vater tun sieht; denn was dieser tut, das tut gleicherweise auch der Sohn." Jesus betont hier sein Menschsein und seine Abhängigkeit vom Vater bei allem war er tut.

Jesus war während seines Erdenlebens ein Mensch wie du und ich. Er hatte vieles mit uns Menschen gemeinsam. Hunger und Durst waren ihm nicht fremd. Er kannte Gefühle von Enttäuschung, Ärger und Zorn. Er wurde auch versucht. Aber er blieb ohne Sünde. Was ihn auszeichnete, war die völlige Einheit mit Gott und die Abhängigkeit vom Willen seines Vaters, die er uns vorlebte. Aus dieser engen Verbindung mit dem

Vater hat er Kraft geschöpft für seinen Dienst und Weisungen erhalten für seinen Weg.

Jesus hat wie kein anderer in der Weltgeschichte Gott den Menschen nahe gebracht. Gottes Liebe und sein Erbarmen waren zum Greifen nahe in allem, was Jesus sagte und tat. Das brachte ihm nicht nur Anerkennung sondern auch Feindschaft. Die frommen Pharisäer waren verärgert, weil er viele heilige Traditionen übertrat, weil Gottes Liebe ihm wichtiger war als Menschengebote. Und die obere Schicht aus Schriftgelehrten und Mitgliedern des hohen Rates war eifersüchtig auf diesen jungen Prediger mit dem großen Charisma, zu dem die Menschen in Scharen herbeiströmten. Darum schlossen sich diese beiden Gruppen zusammen, um Jesus los zu werden. Auf ihr Betreiben hin wurde er verhaftet und in einem Schauprozess zum Tode verurteilt. Die Ausführung des Urteils mussten sie den Römern überlassen, weil diese als herrschende Macht alleine berechtigt waren, Todesurteile zu vollstrecken. Und so wurde Jesus gekreuzigt. Es war die grausame Art der Römer, Todesurteile zu vollstrecken. Als er am Kreuz hing und unendliche Qualen litt, machten sich seine Gegner lustig über ihn. "Anderen hat er geholfen, sich selber kann er aber nicht helfen. Der Christus, der König von Israel steige nun vom Kreuz herab, damit wir's sehen und glauben." Vielleicht waren diese Worte nicht nur als Spott gemeint. Vielleicht wären sie tatsächlich zur Umkehr bereit, wenn Jesus eine solche Machttat vor ihren Augen vollbracht hätte. Doch Jesus weigerte sich, darauf einzugehen. Genau wie am Anfang seiner Berufung, als Satan ihn herausforderte: "Bist Du Gottes Sohn, dann sprich zu diesen Steinen, dass sie Brot werden sollen."

Jesus hat wie kein anderer in der Weltgeschichte Gott den Menschen nahe gebracht.

Jesus hat sich stets geweigert, seine göttliche Macht zu missbrauchen, um sich selber zu helfen. Und so blieb er Gott gehorsam auch in diesem bitteren und schmachvollen Tod am Kreuz. Dieser Tod war nicht das Scheitern eines Idealisten an den realen Machtverhältnissen. Er war auch kein Protest gegen die Lieblosigkeit in dieser Welt, wie er von manchen gedeutet wird. Er geschah nach Gottes Willen und Plan, um Menschen mit Gott zu versöhnen und sie von ihrer Sünde zu erlösen. Und so denken wir in dieser Adventszeit nicht nur an das Kind in der Krippe, sondern auch an den Mann am Kreuz, der sein Leben für uns gab. Paulus hat das Leben von Jesus in seinem Christushymnus wunderbar zusammengefasst (Philipper 2, 6-11):

"Er, der in göttlicher Gestalt war, hielt es nicht für einen Raub, Gott gleich zu sein, sondern entäußerte sich selbst und nahm Knechtsgestalt an, ward den Menschen gleich und der Erscheinung nach als Mensch erkannt. Er erniedrigte sich selbst und ward gehorsam bis zum Tode, ja zum Tode am Kreuz. Darum hat ihn auch Gott erhöht und hat ihm den Namen gegeben, der über alle Namen ist, dass in dem Namen Jesu sich beugen sollen aller derer Knie, die im Himmel und auf Erden und unter der Erde sind, und alle Zungen bekennen sollen, dass Jesus Christus der Herr ist, zur Ehre Gottes, des Vaters."

Jesus kommt auch heute zu den Menschen

Gott hat Jesus auferweckt und ihn erhöht. Und dieser erhöhte Jesus hat den Heiligen Geist in die Welt gesandt. Jesus lehrte in seinen Abschiedsreden die Jünger über den Heiligen Geist und sagte: "Wer mich liebt, der wird mein Wort halten; und mein Vater wird ihn lieben, und wir werden zu ihm kommen und Wohnung bei ihm nehmen." Deshalb können wir davon sprechen, dass Jesus heute im Heiligen Geist zu den Menschen kommt, die an ihn glauben und ihn lieben. Jesus möchte bei uns zu Hause sein. Er möchte, dass wir unser Leben mit ihm teilen, wie mit einem engen Freund.

Deshalb feiern wir im Advent nicht nur sein Kommen vor zweitausend Jahren, sondern auch sein Kommen heute in unsere Welt durch den Heiligen Geist. Advent ist nicht nur Vergangenheit, sondern Gegenwart und Realität im Leben der Christen. Paulus schreibt an die Gemeinde in Ephesus über dieses Geheimnis: "Christus wohnt durch den Glauben in euren Herzen." Das Herz war nach dem Verständnis von damals das Zentrum und die Schaltstelle im Menschen. Wenn Jesus durch den Heiligen Geist in dieser Schaltstelle Platz einnimmt, dann darf er unser Leben leiten und die Prioritäten für uns bestimmen. Jesus kommt heute zu uns, auch das ist Advent. Er ist durch den Heiligen Geist erfahrbare Wirklichkeit. Aber diese Wirklichkeit wird leider durch unsere Unvollkommenheit und durch unser Versagen immer wieder getrübt.

Jesus wird wieder kommen

Wir leiden unter dieser Unvollkommenheit, darunter dass wir irdene und zerbrechliche Gefäße sind und wünschen oft, es wäre anders. Das Vollkommene bleibt aber der Zeit vorbehalten, wenn Jesus wiederkommt und die Schöpfung erneuert. Er wird dann auch uns zu einem neuen Leben auferwecken. Das ist kein Wunschtraum von Menschen, die mit der Vergänglichkeit des Irdischen nicht fertig werden. Nein, das ist eine sichere Hoffnung, weil sie auf eine Verheißung unseres Herrn baut. Und weil wir ihn als treu und wahrhaftig in allem erlebt haben, können wir ihm in diesem Punkt vertrauen, auch wenn wir das nicht sichtbar vor Augen haben. Jesus wird wieder kommen, unseren vergänglichen Leib verwandeln und uns mit ihm in die Herrlichkeit führen. Auch dieses dritte Kommen von Jesus in der Zukunft feiern wir in der Adventszeit. Dies ist unsere auf die Zukunft gerichtete Hoffnung.

Diese Hoffnung, dass Jesus wiederkommt, führt uns nicht zur Untätigkeit, nach dem Motto: "Er wird es schon richten, warum sollen wir uns abmühen?" Sie gibt uns vielmehr die Kraft zu dienen, bis er wieder kommt. An diese Hoffnung denken wir auch im Abendmahl, das wir jetzt miteinander feiern werden. Ich zitiere noch einmal den Apostel Paulus: "Denn so oft ihr von diesem Brot esst und von diesem Wein trinkt, verkündigt ihr den Tod des Herrn, bis er wieder kommt."

Bibeltext zur Predigt: Lukas 1, 26-38

Und im sechsten Monat wurde der Engel Gabriel von Gott gesandt in eine Stadt in Galiläa, die heißt Nazareth, zu einer Jungfrau, die vertraut war einem Mann mit Namen Josef vom Hause David; und die Jungfrau hieß Maria. Und der Engel kam zu ihr hinein und sprach: Sei gegrüßt, du Begnadete! Der Herr ist mit dir! Sie aber erschrak über die Rede und dachte: Welch ein Gruß ist das? Und der Engel sprach zu ihr: Fürchte dich nicht, Maria, du hast Gnade bei Gott gefunden. Siehe, du wirst schwanger werden und einen Sohn gebären, und du sollst ihm den Namen Jesus geben. Der wird groß sein und Sohn des Höchsten genannt werden; und Gott der Herr wird ihm den Thron seines Vaters David geben, und er wird König sein über das Haus Jakob in Ewigkeit, und sein Reich wird kein Ende haben. Da sprach Maria zu dem Engel: Wie soll das zugehen, da ich doch von keinem Mann weiß? Der Engel antwortete und sprach zu ihr: Der Heilige Geist wird über dich kommen, und die Kraft des Höchsten wird dich überschatten; darum wird auch das Heilige, das geboren wird, Gottes Sohn genannt werden. Und siehe, Elisabeth, deine Verwandte, ist auch schwanger mit einem Sohn, in ihrem Alter, und ist jetzt im sechsten Monat, von der man sagt, dass sie unfruchtbar sei. Denn bei Gott ist kein Ding unmöglich. Maria aber sprach: Siehe, ich bin des Herrn Magd; mir geschehe, wie du gesagt hast. Und der Engel schied von ihr.

Der Predigttext aus dem Lukas Evangelium führt uns in die Zeit zurück als die Geburt von Jesus durch einen Engel, einen Boten Gottes, angekündigt wurde. In diesem Text lebt die Hoffnung der Propheten wieder auf, dass ein König aus der Linie Davids kommen werde, der in Ewigkeit regieren und Recht und Gerechtigkeit aufrichten soll. Für die Gläubigen in Israel damals bedeutete das vor allem die Befreiung aus dem Joch der Fremdherrschaft durch die Weltmacht Rom. Lange hatten Sie auf den verheißenen König gewartet und ihre Hoffnung auf ihn gerichtet. Diese Hoffnung hat den Menschen in Israel damals die Kraft gegeben, in schwierigen und dunklen Zeiten nicht zu verzagen.

Diese dunkle Zeit dauerte schon einige Jahrhunderte für Israel. Das Land stöhnte unter der Last fremder Herrscher, die nacheinander das Land unterjochten: Assyrer, Babylonier, Perser, Griechen und nun die Römer. Auch in der Beziehung zu Gott schien es still zu werden. Schon lange war kein großer Prophet mehr in Israel aufgetreten.

Umso sehnsüchtiger warteten die Menschen darauf, dass Gott sein Schweigen endlich bricht und für sein Volk eintritt. Jesaja drückt diese Sehnsucht so aus: "Wir sind geworden wie solche, über die du niemals herrschtest, wie Leute, über die dein Name niemals genannt wurde. Ach dass du den Himmel zerrissest und führest herab."

Könnten das nicht auch unsere Worte heute sein angesichts von so viel Not und Elend in unserer Welt, manchmal auch in der eigenen Familie? Sehnen wir uns nicht danach, dass Gott sich endlich zeigt und uns zur Hilfe eilt? Genau dieser Wunsch wird zu Weihnachten Wirklichkeit. In seinem Sohn Jesus Christus kommt Gott zu den Menschen. Aber er tut es zu dem von ihm selber bestimmten Zeitpunkt und auf die von ihm bestimmte Art. Dieses Recht behält sich Gott vor.

Die Bürger des römischen Reichs schauten nach Rom, Hauptstadt und Machtzentrum der damaligen Welt, und erwarteten von dort das Heil. So wie manche in unseren Tagen bei Krisen auf die Weltmacht USA oder auf die UNO setzen. Das Volk des alten Bundes, die Juden, schaute nach Jerusalem. Dort erwarteten sie das Auftreten des großen Königs, der Rettung und Befreiung bringen sollte. Und was tut Gott? Er schickt seinen Boten in eine kleine, unbedeutende Stadt in Israel. Selbst die Juden hielten nicht viel von dieser Stadt und sagten von ihr spöttisch: "Was soll schon Gutes aus Nazareth kommen?"

> Warum hat Gott ausgerechnet Maria erwählt, um Mutter des Messias zu werden? Auf diese Frage gibt uns die Bibel keine direkte Antwort.

Der Bote Gottes wird weder in den Palast des Kaisers nach Rom noch zum König Herodes nach Jerusalem geschickt, sondern zu einer jungen Frau in der kleinen und verachteten Stadt Nazareth. Wer war aber diese junge Frau, Maria? Was wissen wir von ihr? Herzlich wenig; auf jeden Fall nicht genug, um unsere Neugierde zu befriedigen. Vielleicht wurden gerade deshalb in manchen Kirchen so viele Mythen um ihre Person gesponnen. Man hat ihr viele Titel verliehen: "Mutter Gottes, Himmelskönigin, Erlöserin" und ihr große Wunder zugeschrieben. Von alledem finden wir aber nichts in der Bibel. Aus der Bibel wissen wir nur, dass sie in Nazareth wohnte und mit einem Mann namens Josef verlobt war. Ihr Alter können wir nur schätzen. Nach damaliger Sitte wurden die Mädchen in Israel schon mit 14 oder 15 Jahren verheiratet. Maria war wohl sehr jung, als diese Begegnung mit dem Engel stattfand.

Warum hat Gott ausgerechnet Maria erwählt, um Mutter des Messias zu werden? Auch auf diese Frage gibt uns die Bibel keine direkte Antwort. Das ist übrigens typisch für alle Berufungsgeschichten der Bibel, ob bei Maria, bei Abraham oder bei den meisten Propheten. Von keinem haben wir eine lückenlose Biographie, auch keine Andeutung, warum Gott ausgerechnet sie für eine bestimmte Aufgabe erwählt hat. Weder die Biographie noch die Qualifikation, die Menschen vorweisen können, entscheiden über die Berufung, sondern allein Gottes Gnade. Deshalb sagt der Engel als Erstes zu Maria: "Sei gegrüßt, du Begnadete!" Das heißt, Gott hat sich dir in Gnade und Liebe zugewandt, weil er das will.

Wenn die Bibel mit Absicht schweigt über die Vergangenheit von Menschen, die Gott für eine besondere Aufgabe erwählt hat, dann hat dies noch eine andere, wichtige Bedeutung: In unserem Leben kommt es auf die Dinge an, die wir mit Gott erleben. Das ist das Wesentliche in unserer Biographie, das wert ist, festgehalten zu werden.

Gottes Geschichte mit Maria beginnt mit einem Engel, einem Boten, den er zu ihr schickt. "Sei gegrüßt, du Begnadete, der Herr ist mit dir." Maria reagiert ganz menschlich auf den Gruß des Engels. Sie ist verwundert, ja sogar verwirrt und fragt sich: "Was soll dieser Gruß bedeuten?" Der Besuch eines Engels ist schließlich keine alltägliche Erfahrung. Verständlich, dass Maria auf diese Weise reagiert. Der Engel muss Maria zuerst beruhigen: "Fürchte dich nicht, denn du hast Gnade bei Gott gefunden." Auch der zweite Satz, den der Engel spricht, macht deutlich: Der Grund, dass Gott Maria erwählt, ist allein seine Gnade, seine freie Entscheidung.

Maria reagiert ganz menschlich auf den Gruß des Engels. Sie ist verwundert, ja sogar verwirrt.

Dann kommt die eigentliche Botschaft, die der Engel Maria von Gott ausrichten soll: "Siehe, du wirst schwanger werden und einen Sohn gebären, und seinen Namen sollst du Jesus nennen. Er wird groß sein und Sohn des Höchsten genannt werden."

Der Name des verheißenen Sohnes ist zugleich sein Lebensprogramm. Der jüdische Name Jeschua bedeutet nämlich: Gott hilft oder Gott rettet. Jesus ist die Rettung Gottes für diese Welt und jeden einzelnen. Der Evangelist Matthäus beschreibt in seiner Weihnachtsbotschaft diese Rettung noch genauer: "Er wird sein Volk von ihren Sünden retten." Das Wort Sünde bedeutet in der Bibel Zielverfehlung. Und das ist etwas ganz anderes als Falschparken oder einen über den Durst zu trinken. Wenn ein Mensch das Ziel seines Lebens, nämlich die Gemeinschaft mit Gott, für die er geschaffen ist, verfehlt, dann ist das eine sehr ernste Sache.

Jesus ist gekommen, um uns davor zu bewahren. Die Hilfe, die er bringt, ist sehr umfassend. Darum ist Weihnachten kein Fest für die heile Familie, denn Rettung brauchen Menschen, die in Not geraten sind. Vielleicht vermissen manche von uns gerade zu Weihnachten dieses heile Familienleben. Ihnen werden Nöte und Trennungen jetzt schmerzhaft bewusst und sie fragen sich: Hat es überhaupt einen Sinn für mich, Weihnachten zu feiern?

Wenn ich Weihnachten von der Bibel her richtig begreife, dann haben gerade diese Menschen einen Grund zu feiern. In Jesus schickt ihnen Gott seine Hilfe und Rettung, wie tief auch die Not sein mag. Der dreißigjährige Jesus hat später sein öffentliches Wirken mit diesem Wort eingeleitet: "Gott hat mich mit seinem Geist ausgerüstet und gesandt, um den Elenden gute Botschaft zu bringen und die zerbrochenen Herzen zu verbinden."

Ich komme zum Schluss noch einmal kurz auf Maria zu sprechen. Sie hat in jenem Augenblick, als der Engel dies zu ihr sprach, sicher nicht alles verstanden. Es waren ganz neue Dimensionen, die sich für sie aufgetan haben. Sie konnte nicht ahnen, was alles noch auf sie zukommt. Dennoch hat sie sich im Glauben auf das Abenteuer eingelassen, das mit dem Einbruch Gottes in ihr Leben begann. Ihre Antwort war ganz schlicht: "Ich bin die Magd des Herrn; mir geschehe, wie du gesagt hast." Das heißt: "Ich gehöre Gott mit Leib und Leben; er darf über mich verfügen." Ihr Leben wurde dadurch nicht einfacher. Sie musste fürchten, dass Josef sie verstößt, dass sie zum Gespött der Leute wurde, aber sie hat Gott vertraut.

Maria hat sich im Glauben auf das Abenteuer eingelassen, das mit dem Einbruch Gottes in ihr Leben begann.

Was war das besondere an Maria? Diese Frage haben wir uns am Anfang gestellt und können sie jetzt beantworten: Sie war bereit, auf Gott zu hören und ihm ihr Leben zur Verfügung zu stellen. Jesus konnte Mensch werden und in unsere Welt kommen, weil Maria ja gesagt hat zu Gottes Weg in ihrem Leben. Das, was damals so klein und unscheinbar in Nazareth begann, ist zum wichtigsten Ereignis in der Geschichte Gottes mit unserer Welt geworden. Deshalb feiern wir Weihnachten.

"Alle Jahre wieder kommt das Christuskind auf die Erde nieder, wo wir Menschen sind." So beginnt ein altbekanntes Weihnachtslied. Ich bin heute versucht, den Anfang von diesem Lied ein wenig umzudichten: "Alle Jahre wieder kommt der Weihnachtsstress auf die Menschen nieder, die auf Erden sind." Kaum ein anderes Fest bringt so viel Stress und Hektik mit sich. Jedes Jahr nehme ich mir vor, etwas dagegen zu unternehmen, aber es will nicht so recht gelingen. Man kann ja auch nicht schon im Oktober seine Geschenke besorgen und die Weihnachtspost schreiben, da ist man noch nicht in der richtigen Stimmung dazu.

Warum tun wir uns das trotzdem an? Es zwingt uns ja niemand dazu. Irgendwie scheinen wir alle miteinander an dieser Weihnachtstradition zu hängen. Egal, ob wir christlich geprägt sind, oder mit Kirche und Gott nichts am Hut haben; auf das Weihnachtsfest wollen wir nicht verzichten, am allerwenigsten die Geschäftsleute. Das hätte für den Einzelhandel katastrophale Folgen und würde die Arbeitslosigkeit noch mehr steigern. Schon alleine aus diesem Grund scheint es geboten zu sein, auf Weihnachten und den damit verbundenen Stress nicht zu verzichten. Da bleibt uns wohl nichts anders übrig als die Sache etwas gelassener zu nehmen. Wir können versuchen, den Stress ein wenig zu reduzieren: Die Geschenke müssen nicht so teuer und exklusiv sein, das Weihnachtsmenü nicht ganz so üppig ausfallen. Das schont das Portemonnaie und die Gesundheit und eröffnet uns die Chance, darüber nachzudenken, was Weihnachten bedeutet. Ob es über das eigentliche Fest hinaus uns etwas zu sagen hat, das unser Leben berührt und uns im Alltag hilft.

Ein Bibeltext, der diese Bedeutung sehr gut zum Ausdruck bringt, ist der Prolog des Johannesevangeliums. Diese einleitenden Worte zum Johannesevangelium beinhalten in sehr komprimierter Form das wichtigste über Jesus Christus, dessen Geburt wir zu Weihnachten feiern. Da erfahren wir einiges über seine Herkunft, sein Wirken, und wir merken, dass es nicht nur Geschichte ist, sondern heute noch lebendige Gegenwart, wenn wir uns darauf einlassen.

Das Wort Gottes kommt in menschlicher Gestalt

Am Anfang war das Wort. Das Wort war bei Gott, und in allem war es Gott gleich. Von Anfang an war es bei Gott. Alles wurde durch das Wort geschaffen; und ohne das Wort ist nichts entstanden. In ihm war das Leben, und dieses Leben war das Licht für die Menschen. Das Licht strahlt in der Dunkelheit, aber die Dunkelheit hat sich ihm verschlossen. Es trat einer auf, den Gott gesandt hatte; er hieß Johannes. Er sollte Zeuge sein für das Licht und alle darauf hinweisen, damit sie es erkennen und annehmen. Er selbst war nicht das Licht; er sollte nur auf das Licht hinweisen. Das wahre Licht, das in die Welt gekommen ist und nun allen Menschen leuchtet, ist Er, der das Wort ist. Er, das Wort, war schon immer in der Welt, die Welt ist durch ihn geschaffen worden, und doch erkannte sie ihn nicht. Er kam in seine eigene Schöpfung, doch seine Geschöpfe, die Menschen, wiesen ihn ab. Aber allen, die ihn aufnahmen und ihm Glauben schenkten, verlieh er das Recht, Kinder Gottes zu werden. - Das werden sie nicht durch natürliche Geburt oder menschliches Wollen und Machen, sondern weil Gott ihnen ein neues Leben gibt. - Er, das Wort, wurde ein Mensch, ein wirklicher Mensch von Fleisch und Blut. Er lebte unter uns, und wir sahen seine Macht und Hoheit, die göttliche Hoheit, die ihm der Vater gegeben hat, ihm, seinem einzigen Sohn. Gottes ganze Güte und Treue ist uns in ihm begegnet. (Johannes 1, 1-14)

Am Anfang war das Wort

Der Apostel Johannes war einer der zwölf Jünger, die Jesus drei Jahre lang begleitet haben. Das war die kurze Zeitspanne zwischen seinem ersten öffentlichen Auftreten und seiner Kreuzigung. Johannes schreibt eine etwas andere Weihnachtsgeschichte als Matthäus und Lukas. Bei ihm steht nicht die Geburt im Stall von Bethlehem im Vordergrund. Er setzt viel früher an und versucht, mehr meditativ als erzählend, das Geheimnis um die Person Jesu zu beschreiben: Gottes Wort in menschlicher Gestalt, Mensch und Gott zugleich, als Licht in diese Welt gekommen und doch von den meisten Menschen abgewiesen.

"Im Anfang war das Wort." Goethe lässt den Faust über diesen Satz nachsinnen: "Im Anfang war das Wort! Hier stock' ich schon! Wer hilft mir weiter fort? Ich kann das Wort so hoch unmöglich schätzen. Ich muss es anders übersetzen." Nach einigen Anläufen entscheidet sich Faust für die Formulierung: "Im Anfang war die Tat."

Ich kann es gut nachvollziehen, warum Faust Probleme mit diesem Satz hatte. Wir leiden unter einer Wortinflation. Es werden viele Worte gesagt, ohne dass man sie ernst meint. Das gilt nicht nur für Politiker. Worte haben wenig Bedeutung und wenig Wirkung. Hier aber ist von einem ganz anderen Wort die Rede. Das machtvolle Wort Gottes, durch das er die Welt erschaffen hat. Dieses Wort bildet eine vollkommene Einheit mit Gott, dem Schöpfer: "Das Wort war bei Gott, und in allem war es Gott gleich." Gott und sein Wort bilden eine untrennbare Einheit. Ich finde diesen Gedanken sehr faszinierend. Hier ist einer, der wirklich meint, was er sagt, der sich mit seinen Worten hundertprozentig identifiziert. Welch eine Revolution würde es in unserer Welt auslösen, wenn Menschen, vor allem solche, die Verantwortung tragen, sich auf diese Weise mit ihren Worten identifizieren. Wenn sie nicht nach dem Motto handelten: "Was interessiert mich mein Geschwätz von gestern?"

Wenn es stimmt, was der Apostel Johannes schreibt, dann ist dieses Wort von elementarer Bedeutung für unsere Welt. Es bringt Leben und Licht: "In ihm war das Leben, und dieses Leben war das Licht für die Menschen." Es ist genau so wichtig, wie die Luft, die wir atmen. Durch dieses Wort hat Gott sich auch den Menschen offenbart. Wir müssen nicht mehr im Dunkeln tappen, wenn wir nach ihm fragen. Er selbst hat unsere Fragen schon längst beantwortet. Gott bleibt nicht im Verborgenen. Sein Wort kommt in menschlicher Gestalt, in seinem Sohn Jesus Christus zu uns. Das ist das große Wunder von Weihnachten. Jesus Christus ist ein Gott zum Anfassen, könnte man sagen. An ihm kann man erkennen, wie Gott ist. Nicht äußerlich, sondern in seinem Wesen. Jesus sagte: "Ich und der Vater sind eins. Wer mich sieht, der sieht den Vater."

Gott bleibt nicht im Verborgenen. Sein Wort kommt in menschlicher Gestalt, in seinem Sohn, Jesus Christus zu uns. Das ist das große Wunder von Weihnachten.

Wer Gott den Vorwurf macht, er halte sich verborgen und kümmere sich nicht um das Leid dieser Welt, der sollte sich zuerst diesen Jesus von Nazareth anschauen. Er suchte Menschen in Not auf, heilte ihren seelischen und körperlichen Schaden. Er setzte sich an einen Tisch mit verachteten Menschen, die man als Sünder abgestempelt hatte, und gab denen, die am Rande der Gesellschaft lebten, ihre Würde wieder. "Ich bin gekommen zu suchen und zu retten, was verloren ist." So hat er seinen Auftrag beschrieben. Jesus gibt keinen Menschen auf. So ist Gott, so hat er sich dieser Welt gezeigt.

Wenn das wirklich stimmt, dann müssten Menschen diese Liebe erwidern. Sie müssten Jesus mit offenen Armen empfangen. Doch das Gegenteil geschieht. So erzählt uns Johannes, als Zeuge der Ereignisse damals: "Er kam in seine eigene Schöpfung, doch seine Geschöpfe, die Menschen, wiesen ihn ab." Das Licht, das mit diesem Wort Gottes, mit Jesus Christus, in die Welt kam, passt den Leuten nicht. Es deckt vieles auf, das man lieber im Dunkeln lässt. Es stört die Menschen in ihrem ichbezogenen Handeln und rüttelt ihr Gewissen wach. Das mögen die Menschen nicht so gerne.

Es waren die religiösen Führer in Israel, die Jesus zuerst den Kampf ansagten. Sie fühlten sich durch ihn in Frage gestellt, sie fürchteten um ihre Autorität. Denn hier war jemand, der ganz anders von Gott erzählte als sie. Seine Worte und Taten offenbarten einen Gott, der die Menschen liebt und darunter leidet, wenn sie sich von ihm entfremden und sich dabei zugrunde richten. Dieser Gott lässt den Menschen sagen: "Die Tür zum Vaterhaus ist jederzeit für euch alle offen, nicht nur für die mit einer reinen Weste." Man muss nicht erst durch gute Taten sein Wohlwollen verdienen.

Jesus hat keine neue Religion gepredigt. Er hat uns Gottes Liebe gebracht. Durch ihn haben wir erfahren, dass es Gott nicht in erster Linie um die Erfüllung von Geboten geht, sondern um das Herz. Er möchte in einer Beziehung der Liebe mit uns Menschen leben und kommt uns sehr weit entgegen. Leider wurde seine ausgestreckte Hand ausgeschlagen. Die religiösen und die weltlichen Machthaber beschlossen, diesen Stein des Anstoßes, Jesus Christus, aus dem Weg zu räumen. Er wurde in einem Schauprozess zum Tode verurteilt und gekreuzigt.

Jesus hat keine neue Religion gepredigt. Er hat uns Gottes Liebe gebracht.

Aber das war zum Glück nicht das Ende der Geschichte. Jesus Christus, so bezeugen alle Evangelien einhellig, wurde von Gott auferweckt und ist vielen Menschen danach begegnet. Der Glaube an Jesus Christus bedeutet darum viel mehr als die Verehrung einer historisch einmaligen Persönlichkeit. Dieser Glaube bringt uns in eine neue Beziehung mit dem lebendigen Gott. Darum fügt Johannes hinzu: "Aber allen, die ihn aufnahmen und ihm Glauben schenkten, verlieh er das Recht, Kinder Gottes zu werden." Das gab es also doch. Menschen, die in diesem Jesus Christus den Sohn Gottes erkannt haben. Sie haben ihm vertraut und auf sein Wort gebaut. Diesen Menschen hat er das Recht verliehen, Gottes Kinder zu werden. Das ist kein Geburtsrecht, man kann es nicht von christlichen Eltern erben. Es wird uns allein durch den Glauben an Jesus Christus zugesprochen.

Das größte Geschenk

Das ist das größte Geschenk von Weihnachten: Wir sind keine Waisen, wir sind nicht allein und verlassen in einer unendlich großen, manchmal auch bedrohlich erscheinenden Welt. Jeder, der Jesus Christus vertraut, weiß, dass er einen liebenden Vater hat. Und der ist kein geringerer als der Schöpfer dieser Welt. Das hat ganz praktische

Konsequenzen für unser Leben im Alltag. Ich weiß, wohin ich gehen kann mit meinen Fragen, mit meiner Ratlosigkeit und Angst. Ich weiß auch, wem ich danken kann, wenn es mir gut geht und mir alles im Leben gelingt. Ich bin im Gebet, im Danken und im Klagen mit Gott verbunden. Das gibt mir Kraft und Zuversicht für meinen Alltag. Ich kann froh mein Tageswerk beginnen und mich auf seine Hilfe verlassen.

> Wir sind keine Waisen, wir sind nicht allein und verlassen in einer unendlich großen, manchmal auch bedrohlich erscheinenden Welt.

Alle Jahre wieder

kommt also nicht nur der Weihnachtsstress, sondern das Angebot Gottes an uns. Gott lässt uns durch Jesus Christus eine Einladung zukommen. Er bietet uns eine Heimat, Liebe und Geborgenheit an. Er gibt unserem Leben Sinn und Ziel. Da werden die Tradition und der Weihnachtsstress zur Nebensache. Ich nehme sie gelassen hin, weil mir Weihnachten viel mehr bedeutet. In diesem Sinne wünsche ich Ihnen und Euch allen ein frohes und gesegnetes Weihnachtsfest.

Bibeltext zur Predigt: Lukas 24,1-12

Aber am ersten Tag der Woche sehr früh kamen sie zum Grab und trugen bei sich die wohlriechenden Öle, die sie bereitet hatten. Sie fanden aber den Stein weggewälzt von dem Grab und gingen hinein und fanden den Leib des Herrn Jesus nicht. Und als sie darüber bekümmert waren, siehe, da traten zu ihnen zwei Männer mit glänzenden Kleidern. Sie aber erschraken und neigten ihr Angesicht zur Erde. Da sprachen die zu ihnen: Was sucht ihr den Lebenden bei den Toten? Er ist nicht hier, er ist auferstanden. Gedenkt daran, wie er euch gesagt hat, als er noch in Galiläa war: Der Menschensohn muss überantwortet werden in die Hände der Sünder und gekreuzigt werden und am dritten Tage auferstehen. Und sie gedachten an seine Worte. Und sie gingen wieder weg vom Grab und verkündigten das alles den elf Jüngern und den andern allen. Es waren aber Maria von Magdala und Johanna und Maria, des Jakobus Mutter, und die andern mit ihnen; die sagten das den Aposteln. Und es erschienen ihnen diese Worte, als wär's Geschwätz, und sie glaubten ihnen nicht. Petrus aber stand auf und lief zum Grab und bückte sich hinein und sah nur die Leinentücher und ging davon und wunderte sich über das, was geschehen war.

"Der Herr ist auferstanden, er ist wahrhaftig auferstanden." Mit diesem Bekenntnis grüßen sich viele Christen auf der ganzen Welt am Ostermorgen. Damals, an jenem ersten Sonntag nach der Kreuzigung waren die Jünger Jesu himmelweit davon entfernt, an die Auferstehung ihres Herrn zu glauben. Sie hielten sich ängstlich verborgen und dachten: "Es ist alles verloren. Unsere Hoffnung, die wir in Jesus gesetzt haben, ist dahin." Es war ein langer Weg, bis sie aus dieser Resignation zur Gewissheit des Glaubens gelangten. Der erste Schritt auf diesem Weg, so berichten die Evangelien, war das leere Grab. Das, was die Frauen am Grab erlebten, sprengt den Rahmen jeder menschlicher Erfahrung. Es ist fast eine Zumutung für unseren Verstand. Von daher können wir die Reaktion der Jünger auf den Bericht der Frauen verstehen: "Ihr seid wohl nicht ganz bei Trost, das ist doch bloß leeres Gerede."

Ich möchte in meiner Predigt nicht gleich bei dem Außergewöhnlichen an diesem Text beginnen, sondern bei dem Alltäglichen. Ich habe mir die Frage gestellt: "Gibt es Anknüpfungspunkte zu diesem Bibeltext in unserem Leben? Haben wir ähnliche Erfahrungen gemacht, die uns die Situation der Frauen und der Jünger am Ostermorgen nahe bringen?"

Die erste Gemeinsamkeit, die ich festgestellt habe, passt am besten unter die Überschrift "Unvorhergesehenes ruft Angst und Unsicherheit hervor". Wenn wir bestimmte Erwartungen haben und es trifft etwas ganz anderes ein, dann löst es selten Freude aus. Wir reagieren meistens verwirrt, befremdet und verunsichert. So lange die Ereignisse sich im Rahmen unserer Erwartungen bewegen und berechenbar bleiben, da fühlen wir uns sicher. Wenn aber etwas eintrifft, mit dem wir gar nicht gerechnet haben, dann fühlen wir uns nicht mehr ganz wohl in unserer Haut. Selbst dann, wenn es etwas Schönes ist. So ähnlich ging es den Frauen damals. Sie gingen zum Grab und erwarteten, den Leichnam von Jesus dort zu finden. Das leere Grab hat zunächst mehr Angst als Freude bei ihnen ausgelöst.

Gibt es Anknüpfungspunkte zu diesem Bibeltext in unserem Leben?

Eine weitere Erfahrung, die wir mit den Frauen am Grab teilen, ist die Trauer um einen lieben Menschen, der durch einen plötzlichen Tod von uns genommen wird. Der Wunsch, diesem Menschen irgendwie noch etwas Gutes zu tun, verbindet uns auch mit ihnen. Die Frauen hatten teure Salben und wohlriechende Öle besorgt, um den Leichnam des verstorbenen Freundes einzubalsamieren. Das war ein letzter Liebesdienst, den sie ihm noch erweisen konnten. Jesus hatte so viel für sie getan. Er hatte die Frauen als vollwertige Menschen behandelt. Sie durften im Kreis seiner Nachfolger mit dabei sein. Das war damals völlig unvorstellbar. Die Frauen waren Menschen zweiter Klasse. Kein jüdischer Rabbi nahm sie in den Kreis seiner Schüler auf.

Mit ihrem Besuch am Grab wollten die Frauen ihrem Freund Jesus Dankbarkeit entgegenbringen und ihn ehren. Sie wollten aber auch selber getröstet werden. Ist das nicht der Grund, warum viele Menschen auf den Friedhof gehen und das Grab von verstorbenen Angehörigen mit großem Aufwand pflegen? Das Gefühl, einem lieben Menschen immer noch nahe zu sein, sei es auch nur an seinem Grab, und die Erinnerungen an gemeinsame Erlebnisse helfen einem doch selber, den Verlust zu verschmerzen.

Die dritte alltägliche Erfahrung, die uns mit diesem Bibeltext verbindet, ist für die Männer weniger schmeichelhaft. Ich meine das Verhalten der männlichen Freunde von Jesus bei den traurigen Ereignissen rund um Karfreitag. Judas hatte ihn verraten, Petrus verleugnete ihn und der Rest ergriff die Flucht. Nach dem Tod von Jesus haben sie sich hinter verschlossenen Türen verschanzt und beklagten ihr Schicksal. So lange Jesus im Mittelpunkt des öffentlichen Interesses stand und sie damit angeben konnten, seine engsten Freunde zu sein, da waren sie dabei. Auch als Jesus sie aussandte zu predigen und zu heilen, da sind sie voller Begeisterung gegangen. Denn das brachte ihnen Ehre und Anerkennung bei den Menschen. Als aber der Weg ihres Meisters scheinbar mit dem Tod am Kreuz endete, da haben sie sich enttäuscht und verwirrt von ihm abgewandt. Sie haben die Welt nicht mehr verstanden. Unter dem Kreuz standen nur die Frauen und ein einziger Jünger, Johannes.

Dieses unterschiedliche Verhalten kann ich heute noch oft beobachten. So lange es im Leben gut geht und wir vom Erfolg verwöhnt werden, dann sind die Männer stark. Bei Niederlagen und Enttäuschungen geben sie oft ein jämmerliches Bild ab. Da haben die Frauen ganz andere Qualitäten. Ihre Treue und Hingabe überwindet den Schmerz der Enttäuschung und sie bleiben dran. Dazu einige Beispiele aus dem Familienleben: Wenn unsere Kinder begabt sind und tolle schulische Leistungen erbringen, dann sind die Väter stolz auf sie und erzählen gerne darüber. Wenn aber ein Kind aus der Rolle fällt und uns Not macht, dann ist es die Mutter, die den Glauben an diesem Kind nicht verliert und den Kontakt aufrechterhält. Wenn eines unserer Kinder schwer krank ist, dann wacht meistens die Mutter an seinem Bett. Wenn die Großeltern alt und pflegebedürftig werden, dann sind es wiederum die Frauen, die sie unter großen Opfern pflegen.

So war es auch damals unter den Freunden von Jesus. Die Frauen hielten die Treue zu ihm als es nichts mehr brachte, als man sein Leben aufs Spiel setzte, wenn man sich zu Jesus noch bekannte. Und die Frauen wurden für ihre Treue belohnt. Sie sind die ersten, die die Osterbotschaft hören. "Er ist nicht hier, Gott hat ihn vom Tod erweckt."

Die Frauen hielten die Treue zu ihm als es nichts mehr brachte, als man sein Leben aufs Spiel setzte, wenn man sich zu Jesus noch bekannte

Damit kommen wir zu dem Außergewöhnlichen an dieser Geschichte: Das leere Grab und die Botschaft der Engel, die Freund und Feind gleichermaßen erschreckte: "Was sucht ihr den Lebenden bei den Toten? Er ist nicht hier; Gott hat ihn auferweckt."

Was bedeutet das leere Grab für uns?

Für das leere Grab gäbe es eine ganze Reihe von möglichen Erklärungen. Deshalb beweist die Tatsache, dass das Grab am Ostermorgen leer war, noch nichts. Stellen wir uns vor, wir hätten keine Berichte in der Bibel über Begegnungen der Jünger mit ihrem Auferstandenen Herrn. Dann könnten wir mit dem leeren Grab nicht viel anfangen. Der Glaube der Jünger keimte erst dann wieder auf, als Jesus ihnen erschienen ist. So ist es bis heute. Menschen kommen nur dann zum Glauben, wenn sie die Erfahrung machen, dass Jesus heute noch lebt.

Die Pharisäer und die Hohen Priester erkannten damals den Zündstoff in dieser Geschichte. Sie verbreiteten sofort die Nachricht, die Jünger hätten den Leichnam Jesu aus dem Grab gestohlen. Diese Lüge half ihnen allerdings wenig. Als die Jünger nach Ostern mit großem Mut auftraten, die Auferstehung verkündigten und Heilungswunder vollbrachten, dann war es jedem klar: Hier ist etwas Außergewöhnliches passiert und es hat diese Menschen verändert. Damit komme ich zum ersten Punkt. Das leere Grab sagt uns:

1. Hier ist Gott am Werk gewesen

Ostern ist nicht in menschliche Begriffe zu fassen. Es wirft alle Gesetzmäßigkeiten über den Haufen und geht über den Horizont menschlicher Erfahrungen weit hinaus. Dafür steht das leere Grab. Denn Jesus war wirklich tot gewesen, als sein Leichnam in das Grab gelegt wurde. Dessen hatte sich der römische Hauptmann vergewissert, bevor er ihn vom Kreuz herunternehmen ließ. Er war in eine Grabeshöhle gelegt worden und diese Höhle wurde mit einem Stein verschlossen. Die Soldaten bewachten den Toten, damit die Jünger nicht auf die Idee kämen, den Leichnam zu stehlen. Niemand dachte, es könnte noch etwas Außergewöhnliches passieren.

Ostern ist nicht in menschliche Begriffe zu fassen. Es wirft alle Gesetzmäßigkeiten über den Haufen und geht über den Horizont menschlicher Erfahrungen weit hinaus.

Aber dann überrascht Gott alle. Was da geschieht, sprengt den Rahmen unserer Vorstellungskraft. Gott greift in die Geschichte unserer Welt ein und macht unmissverständlich klar, dass er voll und ganz zu seinem Sohn Jesus steht. Hier ist Gott an seinem Werk. Da kann der Mensch nur staunen. Denn da wo Gott handelt, da wird Begreifen schwer. Da sind die Fragen und Zweifel die Folge. Erst, wenn das Wunder der persönlichen Begegnung mit dem Auferstandenen Jesus geschieht, können unsere Zweifel überwunden werden. So wie damals bei Thomas.

Das leere Grab hat uns noch eine Botschaft zu verkünden, die uns viel Mut macht:

2. Bei Gott gibt es keine Sackgassen

Wie oft haben wir den Eindruck, uns in einer Sackgasse zu befinden. Ob durch eigene Schuld oder durch die Schuld anderer, das spielt hier keine Rolle. Das Ergebnis ist jedenfalls gleich: Wir geben die Hoffnung auf und werden schwermütig. Auch die Jünger damals erlebten den Tod von Jesus als das Ende aller Hoffnung. Der Weg, den sie mit Jesus gingen, hatte so toll angefangen. Und nun saßen sie in der Patsche. Auch sie ließen die Köpfe hängen und trauerten.

Dann geschieht das völlig unerwartete Wunder: Gott bahnt einen Weg aus der Sackgasse heraus. Dürfen wir auch heute mit Wundern rechnen, die uns aus den Sackgassen unseres Lebens herausführen? Das leere Grab und die Erfahrung vieler Christen sagen uns: "Du darfst mit dem lebendigen Gott auch in Deinem Leben rechnen. Er führt dich aus der Enge in die Weite und aus dem Dunkel ins Licht."

Die letzte Botschaft vom leeren Grab weist in die Zukunft:

3. Das leere Grab sagt: Gott verheißt die Auferstehung von den Toten

"Was sucht ihr den Lebenden bei den Toten? Er ist nicht da, Gott hat ihn auferweckt." Das waren die Worte des Engels an die Frauen am Grab. Das leere Grab ist Garant dafür, dass es Gott um den ganzen Menschen geht. Die Auferstehung von Jesus wird darum zu einem Vorzeichen einer kommenden Auferstehung der Toten. Die Öffnung des Grabes durch Gottes Macht sagt uns: Die Todesherrschaft ist überwunden. Diese Herrschaft war selten so schmerzlich klar wie in unseren Tagen. Und wie immer ist der Mensch fleißig dabei, diese Herrschaft auszubreiten. Gerade in dem Land, in dem Jesus gelebt hat, sterben täglich Menschen durch Terroranschläge und Krieg und die Welt schaut ratlos zu.

Das offene Grab gibt uns Hoffnung, dass Gott gegen die Herrschaft des Todes angeht. Wenn wir ihm vertrauen, dann werden wir auch nicht im Tode bleiben. Ein neuer Himmel und eine neue Erde, die Gott schafft, werden auf uns warten. Das ist die wunderbare Botschaft des leeren Grabes. Ostern ist ein Fest des Lebens und der Freude. Es sagt uns, dass der Tod besiegt ist, dass ewiges Leben auf uns wartet, dass Hoffnung und Zukunft sich über das Grab hinaus erstrecken. Diese Hoffnung ist keine Vertröstung für Menschen, die hier zu kurz kommen, sie gibt uns vielmehr Kraft für unser Leben und unsere Aufgaben im Alltag.

Das offene Grab gibt uns Hoffnung, dass Gott gegen die Herrschaft des Todes angeht.

Osterpredigt: Die Seelsorge des Auferstandenen an Enttäuschten

Bibeltext: Lukas 24, 13 – 35

Und siehe, zwei von ihnen gingen an demselben Tage in ein Dorf, das war von Jerusalem etwa zwei Wegstunden entfernt; dessen Name ist Emmaus. Und sie redeten miteinander von allen diesen Geschichten. Und es geschah, als sie so redeten und sich miteinander besprachen, da nahte sich Jesus selbst und ging mit ihnen. Aber ihre Augen wurden gehalten, dass sie ihn nicht erkannten. Er sprach aber zu ihnen: Was sind das für Dinge, die ihr miteinander verhandelt unterwegs? Da blieben sie traurig stehen. Und der eine, mit Namen Kleopas, antwortete und sprach zu ihm: Bist du der Einzige unter den Fremden in Jerusalem, der nicht weiß, was in diesen Tagen dort geschehen ist? Und er sprach zu ihnen: Was denn? Sie aber sprachen zu ihm: Das mit Jesus von Nazareth, der ein Prophet war, mächtig in Taten und Worten vor Gott und allem Volk; wie ihn unsre Hohenpriester und Oberen zur Todesstrafe überantwortet und gekreuzigt haben. Wir aber hofften, er sei es, der Israel erlösen werde. Und über das alles ist heute der dritte Tag, dass dies geschehen ist. Auch haben uns erschreckt einige Frauen aus unserer Mitte, die sind früh bei dem Grab gewesen, haben seinen Leib nicht gefunden, kommen und sagen, sie haben eine Erscheinung von Engeln gesehen, die sagen, er lebe. Und einige von uns gingen hin zum Grab und fanden's so, wie die Frauen sagten; aber ihn sahen sie nicht. Und er sprach zu ihnen: O ihr Toren, zu trägen Herzens, all dem zu glauben, was die Propheten geredet haben! Musste nicht Christus dies erleiden und in seine Herrlichkeit eingehen? Und er fing an bei Mose und allen Propheten und legte ihnen aus, was in der ganzen Schrift von ihm gesagt war. Und sie kamen nahe an das Dorf, wo sie hingingen. Und er stellte sich, als wollte er weitergehen. Und sie nötigten ihn und sprachen: Bleibe bei uns; denn es will Abend werden und der Tag hat sich geneigt. Und er ging hinein, bei ihnen zu bleiben. Und es geschah, als er mit ihnen zu Tisch saß, nahm er das Brot, dankte, brach's und gab's ihnen. Da wurden ihre Augen geöffnet und sie erkannten ihn. Und er verschwand vor ihnen. Und sie sprachen untereinander: Brannte nicht unser Herz in uns, als er mit uns redete auf dem Wege und uns die Schrift öffnete? Und sie standen auf zu derselben Stunde, kehrten zurück nach Jerusalem und fanden die Elf versammelt und die bei ihnen waren; die sprachen: Der Herr ist wahrhaftig auferstanden und Simon erschienen. Und sie erzählten ihnen, was auf dem Wege geschehen war und wie er von ihnen erkannt wurde, als er das Brot brach.

Diese biblische Erzählung von den Emmausjüngern ist vielen von uns vertraut. Lukas hat sie in seinem Evangelium in Kapitel 24 überliefert. Und die meisten von uns haben sich auch schon darüber gewundert, warum diese beiden Jünger Jesus nicht gleich erkannt haben. Im Bibeltext steht nur: "ihre Augen waren gehindert, ihn zu erkennen." Sie waren in ihrer Enttäuschung so gefangen und kamen aus eigener Kraft nicht aus diesem Gefängnis heraus. Ihre Wahrnehmung war so sehr eingeschränkt, dass alle anderen Dinge keine Rolle mehr spielten, nur noch die augenblickliche Not.

Wie alle anderen Jünger hatten sie große Hoffnungen in Jesus von Nazareth gesetzt und ihre Hoffnungen schienen sich anfangs alle zu erfüllen: Die Wunderheilungen, die tollen Predigten und der Zulauf der Massen. Der Höhepunkt war der triumphale Empfang vor Jerusalem am Palmsonntag. Der Sieg schien zum Greifen nahe. Die Volksmenge huldigte Jesus, wie einem König und die Jünger waren schon dabei zu streiten, wie die Ministerposten unter ihnen aufgeteilt werden sollten. Sie waren überzeugt, jetzt ist die Zeit gekommen, dass Gott sein Volk Israel von der Herrschaft der verhassten Römer befreit. Die Verheißungen der Propheten über den Messias würden sich in Jesus, ihrem Freund und Meister erfüllen. So haben sich die Jünger den Ablauf der Ereignisse vorgestellt.

Und nun ist alles ganz anders gekommen. In einer Nacht und Nebel Aktion wurde Jesus verhaftet und dem römischen Statthalter, Pilatus, als Unruhestifter vorgeführt. Die Feinde Jesu unter den Juden haben geschickt agiert und die Volksmenge wieder auf ihre Seite gebracht. Binnen einer Woche war die Stimmung umgekippt. Aus den jubelnden Massen wurden hasserfüllte Menschen, die aus voller Kehle das "Kreuzige ihn!" schrien. Das völlig Unvorstellbare für die Jünger geschah dann. Jesus wurde gekreuzigt und Gott hatte nicht eingegriffen. Er ließ ihn elend und verlassen am Kreuz sterben. Die Feinde triumphierten und verhöhnten den leidenden Jesus am Kreuz: "Bist Du Gottes Sohn, so steige doch herab vom Kreuz." Und sie spotteten: "Anderen hat er geholfen, aber sich selber kann er nicht helfen. Er hat sein Vertrauen auf Gott gesetzt, mal sehen, ob er ihm hilft."

Das völlig Unvorstellbare für die Jünger geschah dann. Jesus wurde gekreuzigt und Gott hatte nicht eingegriffen.

Von Gott enttäuscht

Die Jünger waren nicht so sehr von Jesus enttäuscht, sondern von Gott, der dieses Unglück zugelassen hat. Jesus war für sie immer noch ein ganz besonderer Mensch, der Großes getan hatte. Es war Gott selber, der Jesus und seine Jünger am Karfreitag im Stich gelassen hatte. So dachten die Jünger. Und Enttäuschungen an Gott sind sehr schwer zu verkraften.

"Wir aber hofften, er sollte Israel erlösen." Dieser kurze Satz fasst die ganze Enttäuschung der Jünger zusammen. Es war ja auch nicht irgendeine Hoffnung, die sich nicht erfüllt hat. Wenn wir z.B. auf schönes Wetter an den Osterfeiertagen hoffen und es kommt ganz anders, dann sind wir zwar enttäuscht, aber das macht uns keine große Not. Anders, wenn es um eine existentiell wichtige Sache geht. Vielleicht eine Sache, bei der wir überzeugt sind: Da hat uns Gott eine klare Verheißung gegeben. Und dann kommt es doch ganz anderes als man gehofft hat.

Das ist eine Erfahrung, die viele von uns mit den Emmausjüngern verbindet. Aber darf man als Christ überhaupt davon reden, dass man von Gott enttäuscht wurde? Ist es nicht fast eine Gotteslästerung? Und weil viele so denken, bleiben Christen, die große Enttäuschungen im Glauben erlebt haben, allein mit ihrer Not. Sie haben Angst, dass man sie nicht versteht. Philip Yancey, ein bekannter christlicher Schriftsteller, hat einmal sich die Zeit genommen, um mit solchen Menschen zu sprechen und über ihre Erfahrungen nachzudenken. Er hat das Ergebnis in einem Buch unter dem Titel "Von Gott enttäuscht" festgehalten. Als er das Buch veröffentlichen wollte, gab es bei den christlichen Verlagen große Bedenken. "Ein Buch mit diesem Titel kann man doch nicht herausgeben", sagte man ihm. "Schreiben Sie doch lieber: Wie man seine Enttäuschungen überwindet."

Aber darf man als Christ überhaupt davon reden, dass man von Gott enttäuscht wurde?

Es fällt uns Christen schwer, offen über solche Erfahrungen zu sprechen und über unsere Gefühle, die damit verbunden sind. Was werden die anderen dann von uns denken?

Jesus ist bei den Enttäuschten

Die beiden Jünger, die miteinander unterwegs sind, wollen einfach Abstand gewinnen. Sie wollen das traumatische Erlebnis von Karfreitag hinter sich lassen, deshalb gehen sie erst mal aus Jerusalem weg. Das kann eine heilende Wirkung haben, wenn man sich vom Ort, wo man die Enttäuschung erlebt hat, ein wenig entfernt. Vielleicht kann man die Dinge aus dem Abstand etwas nüchterner betrachten. Unterwegs sprechen sie ganz offen über ihre Not. Sie verstecken sich nicht voreinander und machen sich gegenseitig nichts vor.

Während die beiden so miteinander reden, kommt Jesus hinzu. Er läuft eine Zeitlang neben ihnen her und stellt dann die Frage: "Worüber sprecht ihr denn?"

"Kommst du von einem anderen Stern? Hast du nicht mitbekommen, was in diesen Tagen in Jerusalem passiert ist?" Die Jünger werfen ihrem neuen Begleiter vor, dass er keine Ahnung hat - und dabei sind sie es selbst, die nicht mitbekommen, was los ist. Dass der Mann, der da mit ihnen geht, kein anderer ist als Jesus, den sie schon längst aufgegeben haben.

Jesus tut immer noch so, als ob er keine Ahnung hat und fragt: "Was ist denn passiert?" Damit fängt ja schon die Seelsorge an diesen beiden Jüngern an. Sie dürfen erzählen, was ihnen Not macht. Sie dürfen die ganze Enttäuschung aus ihren Herzen herausreden. Jesus ist einfach dabei und hört zu. Das haben Therapeuten und Seelsorger auch schon erkannt, dass man Fragen stellen und zuhören soll, bevor man die hilfesuchende Person mit gut gemeinten Ratschlägen überschüttet.

In einem Punkt bewundere ich die beiden Jünger. Aus dem, was sie hier erzählen, wird uns nämlich klar: Sie sind zwar enttäuscht, aber ihre Liebe zu Jesus und die Achtung vor ihm ist immer noch tief in ihrem Herzen verwurzelt. "Jesus war ein Prophet, mächtig in Taten und Worten, vor Gott und allem Volk." Ihre Bewunderung für Jesus ist immer noch da. Sie verstehen Gott und die Welt zwar nicht mehr, aber ihr Herz schlägt immer noch für ihren Herrn; es hat sich nicht verhärtet.

Der Weg aus der Sackgasse

Das macht einen großen Unterschied aus. Wenn unser Herz noch für Jesus schlägt, dann kann er uns auch in der tiefsten Not erreichen und wieder herausholen - auch dann, wenn wir nichts mehr erhoffen und erwarten. Und es ist toll zu sehen, wie Jesus es hier fertig bringt. Ich möchte ganz kurz die vier Schritte in seiner Seelsorge an den beiden Jüngern schildern:

1. Er begleitet die beiden auf ihrem Weg nach Emmaus. Er läuft neben ihnen her, hört ihnen zu und sie fassen langsam Vertrauen zu ihm.
2. Er gibt ihnen die Gelegenheit, ihre Geschichte zu erzählen, die eigentlich seine eigene war. Erst nachdem sie zu Ende waren, fängt Jesus an zu reden. Er sagt dann nicht: "Lasst doch den Kopf nicht hängen. Schaut her, ich lebe, ich bin nicht im Grab geblieben." Der neue Glaube der Jünger soll nicht allein auf die Erfahrung bauen, dass der auferstandene Jesus ihnen begegnet ist. Daran kann man ja wieder zweifeln. Das Wort Gottes soll das Fundament dieses Glaubens sein.

3. Jesus öffnet den beiden die Augen, damit sie die Bibel richtig verstehen. Er macht mit ihnen einen Gang durch die Bücher des AT und erklärt alle Stellen, die vom Messias sprechen (Psalm 22, Jes. 50,6, Jes. 53). Langsam entsteht vor ihnen ein anderes Bild von der biblischen Prophetie über den Messias. Jesus fasst diese Aussagen der Bibel in einem kurzen Satz zusammen: "Musste nicht Christus dies erleiden und in die Herrlichkeit des Vaters eingehen?" Es gibt hinter manchen Ereignissen, die wir nicht verstehen, ein göttliches Muss: Der Weg von Jesus in die Herrlichkeit führt durch die Tiefe.
4. Der letzte Schritt auf dem Weg zur Heilung und zur Erneuerung des Glaubens ist die Abendmahlsgemeinschaft, die Jesus mit den beiden hält. Jetzt gehen ihnen endlich die Augen und die Herzen auf. In dem Augenblick, wo Jesus das Brot bricht, erkennen ihn die beiden und eine große Freude kehrt in ihr Herz ein.

Die Verwandlung

Jetzt konnte sie nichts mehr zurückhalten. Noch am späten Abend laufen sie den ganzen Weg zurück nach Jerusalem. Sie sind durch die Begegnung mit dem Auferstandenen und durch seine Seelsorge verwandelt worden. Aus tief enttäuschten Menschen wurden Träger der guten Nachricht von Ostern: Jesus ist auferstanden und hat dem Tod die Macht genommen.

Wir feiern den Geburtstag der Gemeinde von Jesus Christus – sie ist am Pfingstsonntag vor fast 2000 Jahren geboren worden. An jenem Tag kamen etwa 3000 Menschen zum Glauben. Sie ließen sich taufen und wurden in die Gemeinde aufgenommen. Aus der kleinen Schar der Jünger entstand eine große Gemeinde. Wir können nur staunen, dass das Geburtstagskind trotz des hohen Alters noch quick lebendig ist. Das liegt daran, dass die Gemeinde nicht das vergängliche Werk von Menschen ist, sondern von Gott selbst durch den Heiligen Geist ins Leben gerufen wurde.

Zu dieser Geburtstagsfeier passt es gut, dass wir gerade mitten in einer Predigtreihe über die Gemeinde sind. Wir betrachten verschiedene Aussagen in der Bibel zu diesem Thema und fragen, was diese für uns bedeuten. Was heißt es, eine Gemeinde nach dem Vorbild des Neuen Testaments zu sein und wie kann uns das ermutigen, konkrete Schritte zu unternehmen? Unser Thema für heute lautet: Die Gemeinde als der Leib des Christus. Wir hören jetzt einen Textabschnitt aus dem 1. Korintherbrief dazu.

Bibeltext zur Predigt: 1. Korinther 12, 12-31

Der Körper des Menschen ist einer und besteht doch aus vielen Teilen. Aber all die vielen Teile gehören zusammen und bilden einen unteilbaren Organismus. So ist es auch mit Christus: mit der Gemeinde, die sein Leib ist. Denn wir alle, Juden wie Griechen, Menschen im Sklavenstand wie Freie, sind in der Taufe durch denselben Geist in den einen Leib, in Christus, eingegliedert und auch alle mit demselben Geist erfüllt worden. Ein Körper besteht nicht aus einem einzigen Teil, sondern aus vielen Teilen. Wenn der Fuß erklärt: "Ich gehöre nicht zum Leib, weil ich nicht die Hand bin" – hört er damit auf, ein Teil des Körpers zu sein? Oder wenn das Ohr erklärt: "Ich gehöre nicht zum Leib, weil ich nicht das Auge bin" – hört es damit auf, ein Teil des Körpers zu sein? Wie könnte ein Mensch hören, wenn er nur aus Augen bestünde? Wie könnte er riechen, wenn er nur aus Ohren bestünde? Nun aber hat Gott im Körper viele Teile geschaffen und hat jedem Teil seinen Platz zugewiesen, so wie er es gewollt hat. Wenn alles nur ein einzelner Teil wäre, wo bliebe da der Leib? Aber nun gibt es viele Teile, und alle gehören zu dem einen Leib. Das Auge kann nicht zur Hand sagen: "Ich brauche dich nicht!" Und der Kopf kann nicht zu den Füßen sagen: "Ich brauche euch nicht!" Gerade die Teile des Körpers, die schwächer scheinen, sind besonders wichtig. Die Teile, die als unansehnlich gelten, kleiden wir mit besonderer

Sorgfalt und die unanständigen mit besonderem Anstand. Die edleren Teile haben das nicht nötig. Gott hat unseren Körper zu einem Ganzen zusammengefügt und hat dafür gesorgt, dass die geringeren Teile besonders geehrt werden. Denn er wollte, dass es keine Uneinigkeit im Körper gibt, sondern jeder Teil sich um den anderen kümmert. Wenn irgendein Teil des Körpers leidet, leiden alle anderen mit. Und wenn irgendein Teil geehrt wird, freuen sich alle anderen mit. Ihr alle seid zusammen der Leib von Christus, und als Einzelne seid ihr Teile an diesem Leib.

Das Bild vom Leib als Ausdruck für die Einheit

Paulus gebraucht hier ein Bild und mit diesem Bild will er etwas ausdrücken, genau wie ein Maler, der bei seinem Kunstwerk sich Gedanken macht und eine Botschaft vermitteln will. Wenn wir eine Bilderausstellung besuchen, dann nehmen wir uns die Zeit, um jedes Bild von verschiedenen Seiten zu betrachten und auf uns einwirken zu lassen. Erst dann können wir die Bilder verstehen und die Absicht des Künstlers, die hinter jedem Bild steht, erkennen. Das wollen wir jetzt auch tun mit diesem Bildwort von der Gemeinde als Leib.

Was ist der wichtigste Gedanke, den Paulus mit diesem Bild vermitteln will? Darüber brauchen wir nicht lange zu rätseln. Der rote Faden, der den ganzen Text durchzieht ist die Einheit, die Einheit der Gemeinde mit ihrem Herrn Jesus Christus und die Einheit der Gemeindeglieder untereinander. Ich möchte dieses Thema an Hand von drei Punkten entfalten: Grundlage der Einheit, die Einheit zwischen Jesus und der Gemeinde und die Einheit der Gemeindeglieder untereinander.

Grundlage der Einheit

Die Gemeinde ist keine homogene Gruppe von Menschen. Nehmen wir doch unsere Gemeinde als Beispiel für viele andere: Wir unterscheiden uns stark in den Interessen, in unseren Begabungen, in unserer Herkunft und Prägung und schließlich auch im Alter. Wenn wir die freie Wahl hätten, eine Gruppe von Menschen zusammen zu stellen, mit denen wir gerne am Sonntagmorgen Zeit verbringen möchten, dann würde bei jedem von uns etwas ganz anders herauskommen als die Gemeinde in ihrer jetzigen Zusammensetzung. Wer oder was führt und hält uns dennoch zusammen? Es ist der Heilige Geist – das ist die klare Antwort aus unserem Text. Und damit sind wir ja auch beim Thema des heutigen Pfingstsonntags. Paulus sagt: Wir sind alle durch *einen* Geist zu einem Leib getauft, wir sind alle mit *einem* Geist getränkt.

Manche Christen bekommen Bauchschmerzen, wenn sie diesen Ausdruck hören: Mit dem Heiligen Geist getauft. Das gehört für sie in die charismatische Ecke. Sehr oft habe ich die Aussage gehört: "In der Bibel steht nichts von Geistestaufe." Nun, zumindest hier spricht Paulus davon und sagt, dass wir durch den Geist zu einem Leib getauft wurden. Wer an Jesus glaubt und auf seinen Namen getauft wird, der wird zugleich mit dem Heiligen Geist erfüllt oder getauft. Johannes der Täufer, der direkt vor Jesus kam und durch die Wassertaufe den Weg für ihn bereiten sollte, sagte: "Ich taufe euch mit Wasser. Nach mir kommt einer der euch mit dem Heiligen Geist taufen wird."

Der Heilige Geist ist in der Lage, Barrieren zu überwinden, die Menschen zwischen sich aufgebaut haben. Er schafft Einheit in der Vielfalt. In der Gemeinde in Korinth gab es verschiedene Gruppen von Menschen, die unter normalen Umständen niemals eine Gemeinschaft bilden würden: Juden und Griechen, Sklaven und Freie. Zwischen Juden und Griechen gab es einen tiefen religiösen und kulturellen Graben, zwischen den Sklaven und den Freien eine große Kluft im gesellschaftlichen Status. In der Gemeinde gab es aber Angehörige dieser unterschiedlichen Gruppen und sie hatten Gemeinschaft miteinander, weil der Heilige Geist Barrieren niederreißt und tiefe Gräben überbrückt. Die Einheit der Gemeinde ist nicht das Ergebnis menschlicher Bemühungen. Sie ist ein Geschenk des Heiligen Geistes.

Der Heilige Geist ist in der Lage, Barrieren zu überwinden, die Menschen zwischen sich aufgebaut haben.

Die Einheit zwischen Jesus und der Gemeinde

Dieses Bild von der Gemeinde als Leib ist zuerst ein Hinweis auf die Einheit der Gemeinde mit ihrem Herrn Jesus Christus. Paulus schreibt an die Christen in Korinth: "Ihr aber seid der Leib Christi, und jeder einzelne ist ein Glied an ihm." Hier steht keine Aufforderung: "Strengt Euch an, damit Ihr zum Leib Christi gehört." Vielmehr sagt Paulus: "Ihr seid es schon, wenn ihr an Jesus glaubt." Jesus lässt sich darauf ein, in vollkommener Einheit mit seiner Gemeinde und mit jedem einzelnen, der dazu gehört, zu leben.

Genauso wie mein Leib ein Teil von mir ist, so ist die Gemeinde ein Teil von Christus. Sie ist untrennbar mit ihm verbunden. Durch sie will er in dieser Welt handeln. Die Gemeinde ist berufen, die guten Heilsgedanken, die unser Herr für diese Welt hat, in die Tat umzusetzen. Es ist eine großartige Berufung und Herausforderung. Es lohnt sich, unser Leben dafür einzusetzen.

Damit wir dieser hohen Berufung gerecht werden können, muss der ganze Leib mit allen Gliedern zusammenwirken. Wir sind nicht als Einzelkämpfer in diese Aufgabe hineingestellt, sondern als eine Gemeinschaft von Menschen, die an Jesus Christus glauben. Und diese Gemeinschaft umfasst alle Menschen aus unterschiedlichen Kirchen und Konfessionen, die an Jesus glauben.

Die Einheit der Gemeindeglieder untereinander

Damit kommen wir zum zweiten wichtigen Aspekt in diesem Bild. Es geht um die Einheit der Gemeindeglieder untereinander. Es gibt gläubige Menschen, vielleicht auch in unserer Gemeinde, die sich davor fürchten, die eigene Identität und die persönliche Freiheit zu verlieren. Sie haben Angst, von der Gemeinde vereinnahmt zu werden, wenn sie sich auf diese Sache mit der Einheit einlassen. Paulus spricht aber von einer Einheit, die es zulässt und sogar fördert, dass jeder von uns ein Original bleiben darf. Diese Einheit ist kein Zwang zur Uniformität im Denken und Aussehen. Gott liebt Originale und darum hat er jeden von uns als einzigartiges Exemplar geschaffen. Jeder von uns hat Gaben, die kein anderer hat, damit wir uns gegenseitig ergänzen.

Paulus spricht aber von einer Einheit, die es zulässt und sogar fördert, dass jeder von uns ein Original bleiben darf.

Der Heilige Geist ist dann in einer Gemeinde am Werk, wenn wir sehen, dass jeder sich selbst sein darf und gleichzeitig eingebunden ist in eine Lebens- und Dienstgemeinschaft. Dann gibt es eine echte Einheit in der Vielfalt der Persönlichkeiten und Begabungen und nicht eine von Menschen verordnete Gleichschaltung aller Gemeindeglieder. Die Vielfalt von Persönlichkeiten und Begabungen ist ein großer Reichtum für die Gemeinde. Sie ist ein Geschenk von Gott an uns alle. Leider machen wir aber manchmal aus dieser Unterschiedlichkeit ein Problem und gefährden die Einheit des Leibes. Das geschieht, wenn wir uns mit anderen vergleichen und Minderwertigkeits- oder Neidgefühle bekommen, weil sie begabter sind als wir. Oder, wenn wir überheblich werden, weil wir meinen, besondere Begabungen zu besitzen und unser Beitrag zum Gemeindeleben wertvoller sei als der Beitrag der anderen. Minderwertigkeitsgefühle, Neid und Überheblichkeit wirken wie Gift auf die Einheit der Gemeinde.

Wie kann man diese Gefahr abwenden? "Die Glieder, die uns am schwächsten erscheinen sind die nötigsten.", sagt uns Paulus. Und gerade diese soll man auch besonders ehren, damit keine Spaltungen im Leib entstehen. Das widerspricht unserer Logik. Wir denken: Die Gemeinde braucht die Starken, die etwas bewegen und die Gemeinde voranbringen können.

Was lehrt uns dieses Bild vom Leib?

- Demut: Keiner von uns kann alles. Wir sind aufeinander angewiesen, wie die Glieder eines Leibes. Kein Glied kann für sich alleine existieren und funktionieren.
- Gegenseitige Wertschätzung, weil Christus uns wert achtet. Jeder von uns ist Glied an seinem Leib. Jeder empfängt Gaben und darf diese zum Nutzen aller einsetzen. Diese Wertschätzung bedingt auch eine positive Einstellung zu mir selbst und den Gaben, die Gott mir geschenkt hat. Ich brauche nicht neidvoll auf andere zu blicken und darf meine eigenen Gaben entdecken und im Dienst gebrauchen.
- Miteinander fühlen und füreinander sorgen. Paulus schreibt: "Wenn irgendein Teil des Körpers leidet, leiden alle anderen mit. Und wenn irgendein Teil geehrt wird, freuen sich alle anderen mit." Wenn wir einen Leib bilden, dann kann es uns nicht kalt lassen, wenn jemand leidet und Hilfe braucht. Genauso werden wir uns mit denen freuen, die Grund zur Freude haben und ihre Freude nicht verstecken.
- Und schließlich lehrt uns dieses Bild, über den Tellerrand zu schauen. Wir sind nicht die einzigen Christen hier am Ort. Der Leib Christi umfasst noch viele andere Glieder aus unterschiedlichen Kirchen und Gemeinschaften. Die Unterschiede in der Erkenntnis in bestimmten Fragen wiegen viel weniger als das gemeinsame Bekenntnis zu Jesus Christus als Herrn und Retter. Für Jesus war die Einheit der Christen ein Herzensanliegen. Er betete kurz vor seiner Kreuzigung für diese Einheit: "Alle sollen eins sein: Wie du, Vater, in mir bist und ich in dir, sollen auch sie eins sein, damit die Welt glaube, dass du mich gesandt hast." (Johannes 17, 21). Diese Einheit der Gläubigen ist ein Geschenk. Wir können sie nicht selber schaffen. Aber wir können dieses Geschenk dankbar annehmen und pflegen, denn damit ehren wir den, der uns dieses Geschenk gegeben hat.

Die christlichen Kirchen feiern Erntedank an diesem Sonntag. Seit dem Frühjahr konnte jeder von uns, der auf der Filderebene unterwegs war, das emsige Treiben der Landwirte und ihrer Helfer beobachten. Unser schön gedeckter Gabentisch unter dem Kreuz gibt Zeugnis davon, dass ihre Arbeit wieder mit einer reichen Ernte belohnt wurde. Dass wir diese Fülle haben und sie genießen dürfen, ist das Ergebnis ihrer harten Arbeit. Sie sind an vielen Tagen im Jahr mit Fleiß und großem Einsatz unterwegs, um die Felder zu bestellen, zu säen, um Unkraut zu jäten und schließlich zu ernten. Doch die ganze Arbeit wäre umsonst, wenn die anderen Faktoren, auf die wir keinen Einfluss haben, nicht stimmten. Die Pflanzen brauchen Regen und Sonnenschein zur rechten Zeit und im rechten Maß. Auch die Fähigkeit der Samen zu keimen, zu wachsen und Frucht zu tragen ist nicht von Menschenhand geschaffen. Und darum ist Erntedank für Christen ein Tag der Erinnerung an Gottes Güte und eine Gelegenheit, ihm dafür zu danken.

Und darum ist Erntedank für Christen ein Tag der Erinnerung an Gottes Güte und eine Gelegenheit, ihm dafür zu danken.

Der Ursprung des Erntedankfests reicht bis in die vorchristliche Zeit zurück. In Mittel- und Nordeuropa wurde Erntedank zum Herbstbeginn, am 23. September, mit einem Dankopfer gefeiert. Ähnliche Riten gab es auch in Griechenland und im römischen Reich. Im Judentum gibt es das Schawuot, das Wochen- oder Pfingstfest, nach Beginn der Ernte und das Sukkot, das Laubhüttenfest, am Ende der Weinlese. Über den biblischen Ursprung dieser beiden Feste möchte ich jetzt einen Text aus 5. Mose 16, 9-17 nach der Übersetzung "die Gute Nachricht" lesen.

Der Bibeltext zur Predigt

Sieben Wochen nach Beginn der Getreideernte sollt ihr zu Ehren des Herrn, eures Gottes, das Pfingstfest feiern. Dabei bringt ihr dem Herrn, eurem Gott, freiwillige Opfergaben, als Dank dafür, dass er eure Felder gesegnet hat, und nach dem Maß, in dem euch dieser Segen in dem betreffenden Jahr zuteil geworden ist. Feiert ein fröhliches Fest vor dem Herrn, eurem Gott, an der Stätte, die er auswählen wird, zusammen mit euren Söhnen und Töchtern, euren Sklaven und Sklavinnen und mit den Leviten in eurer Stadt, mit den Fremden, die bei euch leben, den Waisen und Witwen. Denkt daran, dass ihr selbst in Ägypten Sklaven gewesen seid. Richtet euch nach diesen Weisungen und befolgt sie!

Wenn nicht nur die Getreide-, sondern auch die Weinernte eingebracht ist, sollt ihr sieben Tage lang das Laubhüttenfest feiern. Begeht es als Freudenfest mit euren Söhnen und Töchtern, euren Sklaven und Sklavinnen und mit den Leviten in eurer Stadt, den Fremden, die bei euch leben, den Waisen und Witwen. Feiert es sieben Tage lang zu Ehren des Herrn an der Stätte, die er auswählen wird. Der Herr, euer Gott, wird seinen Segen auf alle eure Arbeit legen und euch reichen Ertrag schenken. Deshalb sollt ihr euch an diesem Fest von Herzen freuen. Dreimal in jedem Jahr sollen alle Männer Israels zum Herrn, eurem Gott, an die Stätte kommen, die er auswählen wird: zum Fest der Ungesäuerten Brote, zum Pfingstfest und zum Laubhüttenfest. Keiner soll mit leeren Händen kommen. Jeder soll eine Gabe für den Herrn mitbringen, viel oder wenig, je nachdem wie viel einer besitzt und was der Herr, euer Gott, ihm gegeben hat.

Dieser Bibeltext zeigt, dass zwei der großen Wallfahrtsfeste in Israel unmittelbar mit der Ernte zusammenhängen: Das Pfingstfest und das Laubhüttenfest. Das Pfingstfest wurde sieben Wochen nach Beginn der Getreideernte gefeiert. Die Gerste wird in Israel zum Teil bereits Anfang April reif. Von da ab zählte man fünfzig Tage und feierte das Pfingstfest. Das hebräische Wort für Pfingsten, Schawuot, deutet auf die sieben Wochen zwischen Passah und Pfingsten hin. Heute wird Schawuot in Israel durch eine Reihe von großen Erntedankfesten gefeiert. Kinder in weißer Kleidung, mit Kränzen und Zweigen in den Händen, ziehen durch die Stadt. Die Häuser sind mit bunten Fahnen und Bändern geschmückt.

Das Laubhüttenfest wurde im Oktober, am Ende der Weinlese gefeiert. Alle männlichen Israeliten sollten zu diesem Fest nach Jerusalem pilgern und während dieser Zeit in Hütten aus Palmwedeln und Zweigen von Laubbäumen wohnen. Das können wir nachlesen in 3. Mose 23, 40-43: "Ihr sollt am ersten Tage Früchte nehmen von schönen Bäumen, Palmwedel und Zweige von Laubbäumen und Bachweiden und sieben Tage fröhlich sein vor dem HERRN, eurem Gott, und sollt das Fest dem HERRN halten jährlich sieben Tage lang. Das soll eine ewige Ordnung sein bei euren Nachkommen, dass sie im siebenten Monat so feiern. Sieben Tage sollt ihr in Laubhütten wohnen. Wer einheimisch ist in Israel, soll in Laubhütten wohnen, dass eure Nachkommen wissen, wie ich die Israeliten habe in Hütten wohnen lassen, als ich sie aus Ägyptenland führte. Ich bin der HERR, euer Gott."

Das Besondere an diesem Fest ist, dass es nicht nur als Dank für die Ernte gefeiert wurde, sondern auch zur Erinnerung an den Durchzug durch die Wüste Sinai. Während dieser Zeit wohnten die Israeliten in einfachen Hütten und Zelten. Ein jüdischer Ausleger schreibt zum Laubhüttenfest folgende Worte: "Wir sollen nicht denken, dass die festen Häuser, die wir uns im Laufe unseres Lebens gebaut haben, für uns eine Burg sind, die uns vor allem schützt und in der wir mit dem von uns erreichten uns nun zur Ruhe setzen und darin verharren dürften. Wir dürfen nie vergessen, dass es nur Einen gibt, der uns wahrhaft schützen kann, dass wir auf unserem Weg zu Ihm nie aufhören dürfen voranzuschreiten."

Was sagt unser Bibeltext über die Art und Weise, wie man Erntedank angemessen feiert?

1. Erntedank ist ein Fest zur Ehre Gottes.

"Feiert das Fest sieben Tage lang zu Ehren des Herrn an der Stätte, die er auswählen wird." Das Land der Verheißung, Israel, gehörte Gott. Ob es gute Früchte trug und dem Volk genügend Nahrung brachte, das hatte nicht nur mit harter Arbeit zu tun, sondern auch mit der Treue Gottes. Das neue Land war anders als Ägypten, wo die Israeliten über viele Generationen hinweg gelebt hatten. Das Nilwasser machte die Bauern vom Regen unabhängig. Die Israeliten waren jetzt darauf angewiesen, dass der Regen nach der langen Trockenheit im Sommer rechtzeitig wieder einsetzte und dass die Regenzeit nicht zu früh aufhörte. Und Gott hatte versprochen, den Frühregen und den Spätregen zu schicken und das Land zu segnen, damit es reichen Ertrag bringt. Darum sollte dieses Fest zu seiner Ehre gefeiert werden.

Der Grund, warum wir Erntedank feiern ist Gott selbst, der seinen Segen auf unsere Arbeit legt und uns einen reichen Ertrag schenkt. Deshalb soll er im Mittelpunkt der Freude und des Feierns stehen. Wir feiern nicht nur die Gaben, die er uns schenkt, sondern ihn selbst. Das drückt sich im Danken und im Lob aus, ob laut oder in unseren Herzen, und führt uns hinein in eine tiefe Beziehung zu Gott.

2. Beim Erntedank soll man sich von Herzen freuen und kräftig feiern

"Der Herr, euer Gott, wird seinen Segen auf alle eure Arbeit legen und euch reichen Ertrag schenken. Deshalb sollt ihr euch an diesem Fest von Herzen freuen."

Gott sagt dem Volk Israel hier, dass sie am Ende der harten Arbeit auf den Feldern sieben Tage lang die Arbeit ruhen lassen sollen und von Herzen sich freuen und feiern dürfen. Nach seinem Willen gehört das Feiern genauso zum Leben wie die Arbeit. Und wer schon mal erlebt hat, wie Juden ihre religiösen Feste feiern, der weiß, dass es wirklich fröhlich zugeht, dass sie mit ganzem Herzen dabei sind. Sie empfinden es als ganz normal, ihre Freude und ihre Begeisterung für Gott öffentlich zu zeigen. In unserer Kultur ist das unschicklich. Wir haben kein Problem damit, wenn Sportfans ihre Mannschaft lauthals und voller Begeisterung feiern, tun uns aber sehr schwer, unsere Gefühle für Gott öffentlich zu zeigen. Vielleicht lohnt es sich darüber nachzudenken, warum das Feiern in den Kirchen und Gemeinden meistens eine sehr ernste Angelegenheit ist und so wenig von der Freude an Gott zu spüren ist.

Nach dem Willen Gottes gehört das Feiern genauso zum Leben wie die Arbeit.

3. Erntedank ist ein Fest der Gemeinschaft

Dem Volk Israel wird befohlen, an die Stätte zu pilgern, die Gott bestimmt hat, um dort diese Feste zu feiern. Nach dem Bau des Tempels in Jerusalem war diese Stadt der Ort, an dem das Volk zusammen kam und gemeinsam feierte. Die Israeliten sollten nicht jeder für sich zu Hause feiern, sondern in der großen Gemeinschaft aller, die nach Jerusalem pilgerten. Gott hat sich ein Volk und nicht lauter einzelne Menschen erwählt. Und darum sollten sie gemeinsam feiern und sich daran erinnern, dass sie zusammen halten und füreinander Verantwortung tragen sollen.

In unserer Gesellschaft wird seit einigen Jahren das Glück des Einzelnen stark in den Vordergrund gestellt. Der Zusammenhalt unter den verschiedenen Gruppen der Gesellschaft leidet darunter. Diese Tendenz macht sich auch in den christlichen Gemeinden bemerkbar. Wir haben uns sehr weit von dem Gemeinschaftsideal entfernt, das wir in der Bibel finden. Denken wir doch an die ersten Christen als Vorbild: Sie kamen täglich zusammen in ihren Häusern, um miteinander zu essen, zu beten, das Wort Gottes zu hören und das Abendmahl zu feiern. Heute zieht sich jeder hinter seine vier Wände zurück, möchte seine Ruhe haben und sich am liebsten möglichst wenig Gedanken um die anderen machen.

Natürlich haben sich die Zeiten geändert. Wir haben mehr Stress als die Leute früher und weniger Zeit für die anderen. Aber gerade deswegen sollten wir neben dem sonntäglichen Gottesdienst Möglichkeiten zur Begegnung und zum gemeinsamen Feiern in den Gemeinden schaffen. Vielleicht entdecken wir die urchristliche Tugend der Gastfreundschaft wieder neu. Gastfreundschaft zeigt, dass uns an den anderen etwas liegt und dass wir ihnen gerne eine Freude bereiten wollen. Damit komme ich zum letzten Punkt, der in unserem Bibeltext über das Erntedankfest erwähnt wird.

4. Erntedank ist eine Zeit, an andere zu denken

"Begeht es als Freudenfest mit euren Söhnen und Töchtern, euren Sklaven und Sklavinnen und mit den Leviten in eurer Stadt, den Fremden, die bei euch leben, den Waisen und Witwen." So heißt es wörtlich im Predigttext. Die Feier schließt als Erstes alle ein, die zum Haushalt gehören: Eltern, Kinder und Hausangestellte. Zu der Zeit, in der dieser Text entstanden ist, gab es noch Sklaven, die im Haushalt dienten. Diese sind ausdrücklich in den Familienverbund mit eingeschlossen beim Feiern. Sie sollen auch nach Jerusalem mitgehen, nicht um den anderen zu dienen, sondern um gleichberechtigt mit ihnen am Tisch zu sitzen und zu feiern. Vor Gott werden alle Unterschiede im sozialen Status und im Stand aufgehoben. Wir treten gemeinsam als seine Kinder vor ihn, um ihn zu ehren und zu feiern.

Vor Gott werden alle Unterschiede im sozialen Status und im Stand aufgehoben. Wir treten gemeinsam als seine Kinder vor ihn, um ihn zu ehren und zu feiern.

Die nächste Gruppe von Menschen, die man einladen und mitnehmen sollte, sind die Leviten. Warum werden sie hier ausdrücklich erwähnt? Die Leviten waren Angehörige eines der zwölf Stämme Israels. Sie waren von Gott beauftragt, die Dienste im Tempel zu verrichten. Man könnte sie mit den vollzeitlichen Mitarbeitern in den Kirchen und Gemeinden heute vergleichen. Nur bekamen sie kein festes Gehalt und hatten auch keinen Grundbesitz in Israel. Sie konnten also nicht für den eigenen Unterhalt sorgen und waren auf die Unterstützung durch andere angewiesen. Deshalb gibt Gott den Menschen in Israel die Anweisung, die Leviten, die in ihrer Stadt wohnten, nicht zu übergehen, sondern sie einzuladen und sie am Fest teilnehmen zu lassen.

Das gleiche gilt für eine andere Gruppe von Menschen: Waisen, Witwen und Fremde. Waisen und Witwen waren in Israel damals oft bedürftig, wenn keine nahen Verwandten sich um sie kümmerten. Das war also die Gruppe der Sozialschwachen und Benachteiligten. Die Fremden lebten am Rande der Gesellschaft und waren nicht in die Volksgemeinschaft integriert. So ist es leider auch in unseren Tagen. Waisen, Witwen und Fremde sollten ein Teil der feiernden Volksgemeinschaft sein, sich mit den anderen freuen und nicht zu kurz kommen.

Gott hat auch noch durch eine andere Verordnung für die Leviten, Waisen und Witwen gesorgt. Diese Verordnung hängt mit Erntedank eng zusammen. Die Israeliten sollten den Zehnten vom Ertrag ihrer Felder abgeben. Dieser Zehnte gehörte den Leviten, den Waisen und den Witwen. Die Abgabe des Zehnten hatte einen doppelten Sinn: Sie sollte zum einen den Unterhalt derer sichern, die ihr Leben ganz und gar dem Dienst Gottes gewidmet haben und zum anderen zur Unterstützung der Sozialschwachen, der Waisen und Witwen, dienen.

Gilt diese Regel auch für uns Christen? Die Opferung des Zehnten wurde durch Jesus nicht aufgehoben. Er kritisierte zwar die Pharisäer, die es sehr genau mit dem Zehnten nahmen. Sie haben sogar den Zehnten von den Küchenkräutern aus ihrem Garten abgegeben. Aber das Wichtigste, nämlich Liebe und Barmherzigkeit zu üben, haben sie nicht beachtet. Jesus sagt: Das eine soll man tun, also den Zehnten geben, und das andere, Liebe und Barmherzigkeit üben, nicht vergessen.

Mit dem Zehnten werden in unserer Freikirche die Gehälter der vollzeitlichen Mitarbeiter, wie Pastoren und Missionare, bezahlt. Mit diesem Geld werden auch diakonische Projekte finanziert, die den Sozialschwachen in vielen Ländern zugutekommen. Wir machen aber aus dem Zehnten kein eisernes Gesetz und verpflichten niemanden darauf. Vielmehr halten wir es mit einem Wort des Apostels Paulus: "Ein jeder gebe, wie er's sich im Herzen vorgenommen hat, nicht mit Unwillen oder aus Zwang; denn einen fröhlichen Geber hat Gott lieb."

Wir alle dürfen geben, viel oder wenig, je nachdem wie Gott uns gegeben hat. Nicht mit Unwillen oder aus Zwang, sondern von Herzen. Wir tun das, weil Gott, der uns reich gesegnet hat, sich freut, wenn wir diesen Segen mit anderen teilen.

Printed by Books on Demand GmbH, Norderstedt / Germany